愛的盟約

初識天主信仰

王雲龍——著

天主教

【愛的盟約】

目錄

序

宋之鈞

一

「天主是愛」（若四16）「愛」的另一個名字是「賜予」，「天主竟這樣愛了世界，甚至賜下了自己的獨生子，使凡信祂的人不至喪亡，反而獲得永生。」（若三16）天主把最寶貴的賜給我們，甚至不惜把自己兒子的血肉賜給我們，而且訂立了永矢不渝的盟約。

保祿告訴我們：這是我從主所領受的，我也傳授給你們了；主耶穌

序

在祂被交付的那一夜，拿起餅來，祝謝了，擘開說：「這是我的身體，爲你們而捨的，你們應這樣做，來紀念我。」晚餐後，又同樣拿起杯來說：「這杯是用我的血所立的新約，你們每次喝，應這樣做，來紀念我。」（格前十一23—25）

二

「愛」是最尊貴的東西，作者在第四章中，寫得非常清楚，沒有愛一切都沒有意義；沒有愛，世界算什麼？你我算什麼？有什麼價值？世界因著愛，得以生長、繁榮、存在。在一切愛之中，有一種完美的愛，超然的愛。世界上爲什麼有今日的亂象、紛爭，甚至殘殺，因爲缺少了這愛。這超然的愛，就是前節所說的，它是賜予、賜予最尊貴的、賜予最衷愛的、永恆的、不惜任何犧牲的，即使自己的生命，爲的是所愛的人獲得生命。走進聖堂，我們就見到十字

苦架，它用畫像來表達這愛。

保祿用美妙的詩歌來素描這愛（在此，只摘錄幾句）：「愛是含忍的，愛是慈祥的，愛是不嫉妒，不誇張，不自大，不作非禮之事，不求己益，不動怒，不圖謀惡事，不以不義樂，卻與眞理同樂；凡事相信，凡事盼望，凡事忍耐，愛永存不朽。」（格前十三6—8）這愛就是天主。

三

作者一步一步地表達他的思路。天主用愛來救贖犯命的人類，十字架是最好的解釋。

天主降生成人，用自己的血肉與人訂立盟約，永矢不渝的盟約。爲此，教會在每座教堂最顯著的地方，豎立了這標幟；還請教友在家中也懸掛，使大家都看到，並體認到天主的大愛。

序

在十字苦架下，教會舉行感恩聖祭，使人實在的分享到祂的救恩：「吃祂的肉，喝祂的血。」再爲使這感恩祭能延續不斷，主在最後晚餐中，建立了聖秩聖事，祝聖神父，叫他們世世代代舉行這愛的盟約：「你們要這樣做，來紀念我。」聖體聖事也同時建立了。

所謂聖事，它是聖寵有形的記號，經由這記號，天主把救恩——聖寵，賜予世人。有聖洗、堅振、聖體、告解、聖秩、婚姻及病人傅油。耶穌在世時，安排了這七件聖事，神形兼顧的使教友得到需要的聖寵——永生。

四

最後，作者介紹幾種靈修的方法：

第一「觀內」。即我們常說的「默禱」。

遠離塵囂，靜下心來，反省自己的思、言、行爲。清楚之後，

再起步向前。耶穌在世時，就給人留下榜樣，祂好幾次獨自祈禱；在揀選宗徒之前，在山上整夜的祈禱；增餅奇蹟之後，遣散群眾，私自上山祈禱；傳道時期，常獨自在清晨找幽靜之處，默思祈禱；尤其在最後時刻，在山園寂靜之中，找尋怎樣成全父的旨意。

爲現代教友，生活的繁鬧的環境中，最需要的就是這種靜觀的祈禱，回到內心，看天主在我心中指示我什麼。

關於這點，作者提出「明供聖體」一法。可能現今「明供聖體」的教堂不多，但聖堂都是安靜的地方，聖堂中央，聖體龕中，供奉著耶穌聖體，旁邊的紅燈，告訴我們，「耶穌就在這裡」，走出聖堂，你將做什麼。如同當時耶穌清晨默禱之後，走入世界，實行父的旨意。

第二個方法，作者名之爲「心靈存款簿」。當然我們知道他不

序

是叫我們到銀行去辦理存款儲蓄，他是跟耶穌教我們儲蓄在天上。他暗示我們修德立功，把我們的功德儲蓄在天上，那是萬無一失的地方。

談到修德之功，不一定要去爲信仰而受迫害；不一定要進隱修院，克己苦身；不一定要奉獻自己，終生爲教會服務。在俗世之中，修德立功的機會多著哩！在家庭中，做個好父母，犧牲一些自己看電視、聽音樂的休閒樂趣，陪伴孩子做功課；在辦公室，準時上下班；在社區中，照顧那些得不到父母的愛的孩子。關於教友生活，更以身作則的領導子女滿全對天主敬禮之事。諸如此類的善功，時時處處可以修行。作者用「心靈存款簿」包括了這一切。

第三個方法是「光和鹽的精神」，作者說：耶穌要我們做世界的光，地上的鹽。鹽能使菜入味，光能使物體亮麗。但鹽要食物入

味，必須自己溶化，無聲無臭中，「消化」自己；菜餚入味了，鹽不見了。

光也是一樣，它是能使物品更亮麗；但亮麗的是物品，而非它自己，而且物體亮麗時，光在燃燒自己，犧牲自己。

要做光，要做鹽，都要有「默默」的精神，所以作者說：「默默的奉獻」，「調味」、「發光」都是奉獻，而且都在「默默」中！

這是一種說來容易，做來困難的方法。

第四個方法，作者提出「玫瑰花雨」。

在這四個字中，作者教人兩件事，一是說聖母不斷叫人唸玫瑰經，在她不斷的顯現中，不斷的提醒人多唸玫瑰經，譬如在露德，在法蒂瑪，在龐貝等等顯現中，她稱自己是玫瑰經之后，玫瑰經是她所喜悅的經文，她喜歡教友向她這樣的祈禱。

序

玫瑰經又是一種持續的祈禱，一遍又一遍的：「天主聖母瑪利亞，爲我等罪人，今祈天主，及我等死後。」這種持續，有著無比的力量，如同耶穌所講不義法官的故事裡，強調的那寡婦，因持續不斷的要求，而得到了所需。

末了，作者還提一種方法：「團結力量大」。他告訴我們耶穌自己曾親口說過：「若你們中二人，在地上同心合意，無論爲什麼事祈禱，我在天之父，必要給他們成就。」（瑪十八19）作者指出彌撒是最好的集體祈禱，教會還有許多祈禱善會，勉勵人加入組織或信仰團體，以增加修德之功力，多人一齊祈禱，會引起互動的效應，可以越禱越有勁；不像獨自祈禱，容易孤單而乏味，而停擺。作者稱之爲「眾志成城」。

身影

身影
——無所不在、處處都在的天主

什麼是天主？簡單的說：祂是無形無相、無所不在、處處都在的主宰者。

看來，天主與中國傳統「天」的文化觀相同，如：「天命之謂性，率性之謂道，修道之謂教」、「盡人事，聽天命」、「生死有命，富貴在天」、「天降下民，作之君，作之師」、「天造蒼天，天造烝民」、「無聲無臭，昭事上帝」、「惟天生民有欲，無主乃

亂」等等，這類的有關「天」的文句俯拾皆是；又如：「天公作美」、「老天有眼，明察秋毫」，與北方慣稱「老天爺」等等，這類口語多得不可勝數，在在証明中國人有強烈的知天、敬天、畏天、事天的生活習俗。

若是從歷史來談天主敎的傳入，也是行之有年。有些人認爲始於明末利瑪竇的傳入，至今已有四百年；事實上，時間要再往前看，在宋朝、元朝，就陸續有方濟各會士傳入中國的紀錄；即使更早的唐初，就有景敎的傳入，那是一種近似天主敎的一派，曾立有「大秦景敎流行中國碑」於長安，至今也有千餘年，可謂具有悠久歷史的宗敎。

至於天主敎在台灣，以近二十年來看，敎友數始終保持三十萬人，若是扣除冷淡敎友，僅以虔敬的敎友數來算，更是少之又少，

可見天主教的發展十分艱辛；換個角度看，台灣是塊沃土，唯有勤於撒播福音的種子，才有豐收的機會。

其實，要証明天主是唯一的造物主，並不是太難的事，有如希臘哲人亞里斯多德說：「誰若站在特勞亞的依達山，看見平原上進行的希臘軍隊：前邊有騎著駿馬的騎兵，中間有戰車，後邊有步兵，軍容嚴肅，步伐整齊的向前進行，便要想到：那裡必須有一個指揮官，佈置了這軍隊的秩序。誰若站海岸上，看見一隻船，一帆風順的駛進碼頭，便知道船上有一個掌舵的人，是他引船進了碼頭。這樣，人類發現了造物主。祂是佈置世界秩序的主宰。我們看見天上無數星辰的運行，看見太陽的出沒，不能不驚訝的想到：這一切不是出於偶然，必須有一位全能的神、天，天主創造了它們。」

再說，科學不是萬能的，即使進入二十一世紀的今天，還是有

身影

許多無能爲力的地方，如一顆有生命的種子，或一株簡單的青草，至今的科學家，依然無法創造出來。如果事事再追根究柢一番，就會處處見得天主的影子；好比：一位博學多聞的學者，總不會爲了証實他有學問，而將他開腦剖肚的去尋找吧！又如：總不會因爲見不到、聽不到、摸不到、嗅不到、嚐不到的狹隘關係，而否定了所有五千年來，有血脈相承的老祖宗吧！同樣的道理，對無形無相的天主，總不會因而武斷的認爲不存在吧！

就以一張木製桌子爲例：製作桌子，先要具備木料、工具，最後還要有人去完成，三者不可或缺。單就木料來看，是來自於樹木，而樹的長成，是由種子在土裡，經由大自然的陽光、空氣、水，不斷的滋潤與照顧，才能萌芽、長大、成材。如此的細究下來，會發現大自然是很有規律的運行，正如一位有大智能的主宰者，不斷供

給生態所需的養分，不致面臨運行的錯亂，或淪落「斷炊」的危機。

說一個有趣的故事吧！牛頓是萬有引力的發現者，他有個學科學的朋友，深受當時無神論的影響，總是與牛頓爭論宇宙是自有的，爲了扭轉他朋友的錯誤觀念，製造了太陽、地球、月亮的精緻模型，安置在架子上，用手搖動它的柄時，三者便配合轉動。有一天朋友來訪，發現那個模型，一邊用手搖動它，一邊讚歎說：「妙極了！誰創造了它。」牛頓故意說：「那個模型，沒有人創造它，是它自己跑到這裡來的。」「那怎麼可能？」「你說什麼，這個小東西不能自己演化，並且自己跑到這裡來嗎？我認爲不應當有困難的。」「絕對不可能！」「你不是說宇宙間的一切，包括人在內都是演化而來的嗎？這個小東西和大自然相比算得什麼！」牛頓一番的苦心論証，終於使他朋友承認無神論的無稽，的確，無形無像的造物者，

必然存在，祂創造了宇宙，掌管、指揮宇宙的運作，使得太陽、地球、月亮自行其軌道，保持一定距離，不會忽遠忽近；而且只有一位造物者，不可能有第二位，如此才不會造成宇宙運行的混亂。

不僅牛頓是基督徒，愛迪生亦復如此，甚至愛因斯坦說過：「人類的一切創造發明，比起造物主在宇宙所展示的偉大，就好像兒童的玩具。」又說：「沒有科學的宗教是瞎子，沒有宗教的科學是跛子。」另外，生物學家康金說：「生命起源於偶然事件的或然率，可與印刷廠爆炸而產生一部完整無缺的字典的或然率相比，同樣的不合理。」火箭專家布郎說：「我相信靈魂不死不滅，科學已經証明沒有任何東西會完全毀滅，因此生命與靈魂不可能完全毀滅，所以是永遠存在下去的。」物理學家戴維斯說：「倘若宇宙能夠自己創造自己，它必然具有造物主的能力，假若如此，我們不得不斷定

宇宙本身就應當是上帝；但是宇宙卻是上帝的作品。」爲什麼舉世聞名的科學家會承認造物主的存在，因爲他們深知人並非萬能，常會遇到力有未逮之處；反而倡言科學至上的人，霸氣的否定造物主的存在，究竟事實眞相如何，只需稍做深入的思考，即可得到答案。

當年，美國太陽神火箭升空，太空人把兩個東西帶到月球，一個是美國國旗，另一個是聖經，太空人當場宣讀一段聖經，透過衛星轉播歷歷在目，其深遠的意涵不問知矣！

肖似天主的人類，有獨特的理智與靈性，但不要高傲的妄想取代天主，或想掌握舉世的一切；更不要痴愚的遭受邪魔歪道束縛，因爲天主不願束縛人的心。若要維護世界的美麗，唯有緊緊生活在天主的寰宇內，才會懂得人與人的相愛，以及人與萬物的相處之道。

無玷聖母瑪利亞

無玷聖母瑪利亞

——與主同在

聖母瑪利亞在天主教裡，具有極爲重要的指標地位，無論在文字、歌曲、繪畫、雕像，處處可見聖母貞潔的形像，導致許多不明究理的外教人士，常會說：「天主教是拜聖母瑪利亞。」此話大謬矣！因爲教理開宗明義即說：欽崇一天主在萬有之上。換言之，信奉的只有天主，唯一創造宇宙萬物的眞神；所以何拜聖母瑪利亞之有！

不過，天主教確實是敬禮讚美聖母瑪利亞，原因其來有自；其一，舊約的創世紀就有記載：亞當與厄娃原本在樂園是無憂無慮的過日子，自從受了蛇的哄騙，偷食樹上甜美的禁果，發現一切都改變了，包括對自己赤身露體，產生羞愧的心，因爲害怕而躲起來，天主察覺後，經過詢問，他們相互推諉，於是天主對亞當、厄娃發怒，各做了懲罰，還對蛇說：「因你做了這事，你在畜牲和野獸中，是可咒罵的；你一輩子要用肚子爬行，畢生日日吃土，我要把仇恨放在你和女人，你的後裔和她的後裔之間，她的後裔要踏碎你的頭顱，你要傷害他的腳跟。」在此，所謂「踏碎蛇頭」，是戰勝魔鬼、戰勝罪惡的象徵，而「女人的後裔」，特別指拯救人類的耶穌基督將會來世，當然，這位「女人」，就是聖母瑪利亞，由此可知，在創世紀之初，天主早已擇定無玷聖母瑪利亞，將做爲人世間耶穌的

母親；在許多的聖母像，就是按聖經所述，後人特別如實的繪畫、雕塑出她腳踏蛇頭形象，是有很深的意涵。

其二，新約的路加福音，與瑪竇福音分別記載：在麗莎懷孕的第六個月，天主差遣天使加俾額爾到納匝肋城去，要傳話給童貞女瑪利亞，此時，瑪利亞已與達味家族，一個名叫若瑟的男子訂婚；天使到她面前說：「願妳平安！主跟妳同在，大大降福給妳。」瑪利亞因天使的話，十分驚惶不安，反覆思想話的含意，天使又說：「瑪利亞不要害怕，因爲天主施恩給妳，妳要懷孕生一個兒子，要給他取名叫耶穌，他將成爲偉大的人物，他要被稱爲至高天主的兒子，主天主要立他繼承他祖先達味的王位。他要永遠做雅各子孫的王，他的王權無窮無盡。」

瑪利亞對天使說：「我是一個不接近男人的閨女，這樣的事怎

麼能發生呢？」

天使回答：「聖神要降臨於妳，天主的權能要庇蔭妳，因此，那將誕生的聖嬰，要被稱爲天主的兒子。看妳的親戚麗莎，她雖然年紀大了，人家說她不能生育，可是她現在卻有六個月的身孕。因爲在天主沒有一件事是做不到的。」

瑪利亞說：「我是主的婢女，願你的話成就在我身上吧！」於是天使離開了她。而後，瑪利亞未婚前就懷了孕，她的未婚夫爲人正直，但又不願意公開羞辱她，卻有意要秘密解除婚約。他正在考慮這事的時候，主的天使在夢中向他顯現，說：「達味的後代若瑟，別怕，儘管娶瑪利亞做妻子，因爲她是由聖神懷孕的，她將要生一個兒子，你要給他取名叫耶穌，他要拯救他的子民，脫離他們的罪惡。」

這一切事的發生是要應驗主藉著先知所說的話：「有童貞女將懷孕生子，他的名字要叫厄瑪奴耳。」意思是天主與我們同在；若瑟醒過來，就照著主的天使所吩咐的去做，於是跟瑪利亞成婚；但是在她生孩子前，沒有跟她同過房。當孩子出生，若瑟就給他取名叫耶穌。

從瑪利亞懷孕來看，天主是何等的神妙，另外，瑪利亞是何等虔敬天主，按梅瑟所定的法律，犯姦淫的婦女，會被衆人的亂石打死；其次，若瑟的人格是值得敬佩，他爲人正直，知道體貼別人，知道善待別人，更重要是深信瑪利亞的貞操，並遵從天主一切的安

排。在聖經裡，並沒有若瑟的聲音，幾乎感覺不到他的存在，事實上，若瑟是耶穌在人世間的義父，在教會位居相當重要的地位。

其三，新約的若望福音有記載：在耶穌的十字架旁，站著他的母親和他母親的姊妹，還有克羅帕的妻子瑪麗和瑪麗德蓮，耶穌看見母親，又看見他所愛的門徒站在旁邊，就對母親說：「女人，看妳的兒子！」然後，又對那門徒說：「看你的母親！」就從那時起，那門徒把聖母瑪利亞接到自己家裡。

這段福音，敘述耶穌臨終託母，門徒若望也接受耶穌的付託，他是以兒子的心，衷心來奉養瑪利亞的餘年；從另一層面來看，耶穌已將聖母瑪利亞定位爲教會的母親，做爲天主的子女，毋庸置疑，要恭敬我們在天上的母親瑪利亞，何況有母親的孩子最幸福，換言之，能信從天主的基督徒最幸福，也最自豪，因爲多了一分聖母瑪

利亞的母愛照顧，可以行善避惡，可以趨吉避凶，可以安心的任由她牽領著我們的手，走向基督，走向天父，而不會迷失方向。

其四，瑪利亞所以稱之無玷聖母，一方面她是童貞女懷孕生子，產下救世主耶穌；另方面她是天主之母，理所當然沒有原罪，也沒有情慾之惡，由於充滿聖寵，一心歸向天主，與耶穌一同受苦，協助救世工程，一生愛護、照顧、追隨耶穌，甚至被釘十字架時，仍在十字架旁默默的陪伴耶穌，忍受了心如刀割的痛苦，卻毫無怨尤，如此偉大情操的母親，當然，應受到世世代代基督徒的尊敬與愛戴。

有關聖母瑪利亞之事，在聖經裡，從舊約到新約，雖然年代相距甚遠，作者也非同一人，卻有脈絡一貫的道理可循，決不是「偶爾」二字所能盡述，因此天主教會特別恭敬聖母瑪利亞，並奉爲我們天上的母親，其中道理不難明瞭。

愛的奧蹟

愛的奧蹟

——三位一體的天主

常有人說：「眼見爲憑」，眞能如此的武斷嗎？宇宙如此浩瀚，世界如此寬廣，豈是短暫的人生所能盡知，好比一粒細微到眼睛看不見的分子，你能說不存在嗎？人的知識實在太有限，視界實在太短淺，即使用科技的眼睛，也看不盡世界的奧妙，或說看不透造物主的心，若要妄加揣測，只會一再的困擾自己，譬如：達爾文的進化論，與愛因斯坦的相對論，的確興起科學界不小的研究風潮，但

經過幾世紀後，竟然被新一代的科學家推翻了；所以古人才會發出「學海無涯，唯勤是岸」慨嘆之語。

曾經有位大學者聖奧斯定，若有所思的走在海灘上，看到有個小孩子，提著一桶又一桶的海水，來回拼命灌進挖好的沙洞，聖奧斯定好奇的問：「小朋友，你在忙什麼呢？」小孩子天眞的回答：「我要把海水舀光，全部倒進洞裡。」聖奧斯丁笑著說：「海，這麼大，小小的沙洞，怎麼能裝得盡海水。」向孩子講完後，自己也豁然開朗，所有心中的疑惑，頓時解開了；因爲造物的天主，有著無邊無涯的大能，以人類的小腦袋，在天主的天地裡摸索，充其量，有如瞎子摸象看不到全貌，倘若還自以爲是的把象鼻當作消防水管，那就太可笑了。

是的，生活在三度空間的人類，那能想像得到三度空間以外的

事；或說，小螞蟻那知道人的能力有多大，何況天主與人的關係，遠超過人與螞蟻的關係。悟出一番道理之後的聖奧斯定，自此完全開啓了信仰的眼睛，於是更加謙卑的追隨基督。

這是說明天主的奧蹟，非人的思與言所能想盡、道盡，總括一句，誠如使徒若望說：「天主是愛」；換言之，所有的奧蹟，也能稱爲「愛的奧蹟」，再仔細的說，是指「天主聖三」的奧蹟。

所謂「天主聖三」，正是教友在胸前劃的十字聖號，口唸著「因父、及子、及聖神之名」；而父是指天父，子是指聖子耶穌基督，而聖神是因父愛子、子愛父，所遺發的「護慰者」，分開來看似乎有三位，但舊約以及耶穌曾經清楚的說明：實質上天主只有一個，並非三個天主，所以天主是「三位一體」的天主。

舊約的《出谷紀》記載了天主的訓示說：「我是上主你的天主，

是我領你出了埃及地、奴隸之所。除我之外你不可有別的神。不可爲你製造任何彷彿天上，或地上，或地下水中之物的雕像。」無獨有偶的耶穌也說過類似的話：當時，有一個經師聽見了他們辯論，覺得耶穌對他們回答的好，便上前問他說：「一切誡命中，那一條是第一條呢？」耶穌說：「第一條是『以色列你要聽！上主我們的天主是唯一的天主。你應當全心、全靈、全意、全力愛上主，你的天主』。」

如果要以圖像表示，常見的有二種，一種是在雲端有衆天使環繞的天父，俯視在世上的愛子耶穌，承受世人的瞻仰，在兩邊以鴿子形象的聖神護佑，有時是以火舌的形象，呈顯在耶穌胸前，讓人一眼即知天主聖三的關係；另一種是「東方禮天主聖三像」以三種人的形象，表現出「三位一體」不可分離的關係。

從耶穌之口，不難知道父與子及聖神的親密關係，聖神還經常於文字中出現，但無所不在的天父，不是人所能看得見；即使新約的記載也只出現兩次，一次是耶穌在約旦河受洗，他的表哥，也是教會所稱洗者若翰給予洗禮後，當耶穌祈禱時，天開了，聖神藉著一個形象，如同鴿子降在他上邊，並有聲音從天上說：「你是我的愛子，我因你而喜悅」。另一次記載天父的出現，是在耶穌爲衆人講道後，大約過了八天，帶著伯多祿、若望和雅各伯三個門徒上山祈禱，正當耶穌祈禱時，他的面容改變、衣服潔白發光；在光耀中，忽然出現兩位古先知梅瑟與厄里亞，與耶穌談論去世的事，就是日後在耶路撒冷必要完成的事，伯多祿對耶穌說：「老師，讓我搭三個帳棚；一個爲你，一個爲梅瑟，一個爲厄里亞。」此時，有一片雲彩遮蔽他們，雲中有聲音說：「這是我的兒子，我所揀選的，你

們要聽從他！」正有這聲音時，只有耶穌獨自在那裡，而梅瑟與厄里亞早已離開了；事情發生後的那些日子，他們謹守了秘密，沒把當時所見的事情，透露一點點給任何人。

「天主聖三」的道理，從聖經得以証實，但唯一的天主父如何生子？又如何與子「共發」聖神？的確是困惑不解的問題，畢竟天主的事理高深莫測，所以稱之爲天主聖三的奧蹟，或許未來在重生之日，有幸與天主面對面之時，一切就會明白了。

不過，對世人而言；由「天主聖三」得以窺見天主內在的生活，或說是家庭生活最好的示範，猶如若瑟、瑪利亞、耶穌基督共組的家庭，而他們又被

世人稱之「三聖」之家，其道理至明矣！

從家庭的愛，衍生到對社會的愛，再擴及對國家的愛，乃至世人間的彼此相愛，可說「天主聖三」是所有愛的根源；其中包括天主造世，與耶穌基督的救贖世人的大業，以及教會的建立，無不是環繞著「天主聖三」的奧蹟而行，能夠遵循天主指示的人，才有進入「天主聖三」內共享永生的權利。

最後請跟隨覆誦：「因父、及子、及聖神之名——阿們」別忘了，「阿們」是再次肯定「天主聖三」的奧蹟。

愛的盟約

愛的盟約

——拉近天人距離

什麼是世界上最尊貴的東西？一時之間，還眞難答上話。

是金錢、鑽石嗎？似乎永遠沒有滿足的底線；那麼是追求崇高的社會名位嗎？但是想想得到之後，只是換來高處不勝寒的無盡空虛。誠如羅馬的凱撒大帝臨終前交代，要在棺木打上四個洞，讓雙手雙腳露出來，給瞻仰者看清楚，表示死後空空如也，什麼也帶不走。

所謂「無來也無去」，每個人生不就是如此嗎？拋開名利觀後，再看世間萬物，會豁然發現世界是可愛的，處處充滿了情與愛。沒錯，「愛」是最尊貴的東西，萬物皆在愛的撫育下成長，人類亦復如此，只要用點心去追尋，不難感覺「愛」的重要，可以說愛是一種原動力，也是一種潤滑劑，萬一失去了愛，那將是一個多麼粗糙的世界。

就人而言吧！每個人都因著父母親的愛，而來到這世界上，在成長的過程中，還是需要愛來澆灌。當然，愛是靠不斷的散播，不論是從家庭的角色，或工作的職場，無不是在從事傳播愛的工作，唯有如此，子孫才能繁衍，社會才能繁榮。

儘管人類不斷的鼓吹愛情，但畢竟人世間的愛，還是很容易產生質變，無論愛情、親情、友情，常會隨時空轉變而淡漠，甚至由

愛的盟約

愛生恨，因此無端會引發許多紛爭；仔細去想，在愛與被愛間，世間偉大的「恆愛」到底有幾多？是值得你我省思的課題。

尋尋覓覓當中，確實有一種愛，是完美無瑕，是超脫世間之上，更是人類社會中最重要的連繫物，那就是信仰的愛。打個比喻：如果花花世界是無邊無垠的汪洋大海，每個人就好比是航行海中的無助孤帆，此刻，信仰就是海中的燈塔，指引一個正確的航行方向，既照亮好人，也照亮壞人，那是一種恆常不變的亮光。

談到信仰，聯想到是一本歷久彌新的聖經，它具有「燈塔」的照明功用。聖經無論舊約、新約，所傳揚就是一個「愛」字，而每一章節講述的是天人之愛，清楚的說，就是天人間愛的盟約。從創世紀之初，有了亞當與厄娃開始，就鋪陳一部人類愛的經史，二、三千年的偉大巨著，至今約有二〇九二種語言的譯本，是擁有最多

種語言的書，而讀者群也最多，至少佔世界總人口四分之一，無疑的，聖經對人類文明史有至深的影響。

聖經有舊約與新約的劃分。在舊約時代，是透過先知的口，傳達上天的旨意，那時人民畏天的成分多一些，猶太教是以舊約爲經本；在新約時代，是人子耶穌來到世間計算起，由宗徒們竭盡所能的記載，而耶穌終其一生宣揚的還是「愛」，拉近天人間的距離，所以新約的愛，更具有人性化。

舊約，是指天人間的舊盟約。聖經裡有兩次的記載；一次是天主與亞巴郎立約；早先在亞巴郎八十六歲時，已與婢女哈加爾生了依市瑪耳，但在九十九歲時，天主允諾亞巴郎會與妻子撒拉生下兒子，而且將會像天空的繁星那麼多，君王也要由他而出。那時素不生孕的撒拉已九十歲，儘管亞巴郎十分的恭敬天主，心裡仍不免懷

愛的盟約

疑生孕的可能性，當然，任何事對天主沒有不可能，所以他們生下依撒格；至於性格像野驢的依市瑪耳，同樣蒙受到天主的祝福，使他後裔繁衍昌盛，也就是形成強悍的阿拉伯民族。

雖然天主與亞巴郎名爲定約，其實是天主單方面的恩賜；直到今天，舉凡基督徒，皆可稱爲亞巴郎的後裔，或依撒格的後裔，放眼看去，果然是多如繁星，但天主的預許中，除了幸福外，將有四百三十年的苦難，也就是以色列爲埃及人所役使的日子，終究以色列是天主的子民，即使顛沛流離了數百年，仍然屹立不搖，以今日的以色列國家而言，國土小，但全民皆兵的情形下，高昂的戰鬥力，使任何國家不敢小覷。

第二次的盟約，是天主在西乃山頒給以色列子民，寫在石版上的十誡，如同當年的律法，規定「不可殺人、不可姦淫、不可偷盜、

不可作假見証害人、不可貪戀他人的財物等等」。

一九五六年好策塢拍了一部經世之作「十誡」的電影，就是以聖經的〈出谷紀〉改編爲劇本，其內容是敘述梅瑟如何帶領以色列離開埃及，走進天主所預許的流奶流蜜之地，也正好是四百三十年苦難結束的時候。

天主的大能彰顯在梅瑟的棍杖上，最精彩一幕是棍杖一指，紅海自動空出一道乾旱的道路，先讓以色列人安然走離埃及土地，當埃及大軍在後追趕，眼看即將追上時，梅瑟的棍杖一指，全軍就被紅海淹沒。

二千年前，自從耶穌來到

世間，就不再強調有形的盟約，著重的是內心層面的眞信仰，如舊約時代的割損禮，如逾越節宰殺羔羊等等，已經成爲有名無實的儀式，但對「十誡」一樣是奉行不渝，條例如下「一、欽崇一天主在萬有之上。二、勿呼天主聖名以發虛誓。三、守瞻禮主日。四、孝敬父母。五、勿殺人。六、勿行邪淫。七、勿偷盜。八、勿妄証。九、勿貪他人妻。十、勿貪他人財物。」已鐫刻在每一個人的心版上。其實，摒除宗教的色彩，來看「十誡」，正直指社會各式的亂源，若能遵行規定，社會又何亂之有。

耶穌的一生，是帶來與天主的新盟約，更明白的告訴世人，必須放下內心的仇恨；唯有建立在相親相愛的基礎上，才有獲得永生的機會。

十字架

十字架
——基督精神標記

「十」是一個很奇妙的符號、象徵，或者說是數字、東西。以符號來講，在天主教裡，它是祈禱時的聖號，也是祝福的象徵，如神職人員在信徒額前劃「十字」，對基督徒而言，透過神聖而簡單的動作，帶來的是內心平安與喜樂；以數字來講，在中國人觀念裡，它有完美的意思，如清乾隆皇帝，晚年時，自稱爲「十全老人」，另外，它還是女人的裝飾品，常見的有耳環、項鍊、手環等，小巧玲瓏的「東西」，可增添女人些許的嫵媚，但是神職人員胸前掛的十字架，就不應該視之爲妝飾的項鍊了，而是代表傳播基督精神的標記，因此那種十字架越大越好，俾便使人一目瞭然。

其實「十」字，還可以延伸許多有意義深遠的事，如畫在平面的座標圖，基本構圖，就是「十」字，當然，x軸與y軸的交叉點是原點，是正成長、是負成長，座標圖已然說明一切，不僅數理演算需要座標圖，甚至也能簡略的繪出一個人對過去成長的歷程，與未來方向探索的趨勢圖。

其次，是十字路的比喻，走在東西南北交通縱橫的路口，危險性特別高，爲避免交通事故的發生，在路口會有紅綠燈的裝置，或有交通警察協助指揮；人生的路亦復如此，在崎嶇的道路上，有時候也會走到十字路口，不同的抉擇，會產生不同的後果，所以人生

的十字路，那是意謂著面臨關鍵時刻，最是容易彳亍不前，唯有仗著幾分的勇氣，加上清明的智慧，才能走出一條正確的人生路。

如果十字架放在建築物的屋頂上，毋庸置疑就是一座教堂的建築，或教會相關的機構，然而同樣的十字架，長短規格卻不同，有人說過：「上帝的外衣雖然是無縫，但傳教士們的服裝卻可以有各種不同的顏色。」然而又有人說過：「衣服的色彩儘管千變萬化，可是不要分開。」前後兩句話，說明基督信徒原本是一家，因爲有不同的論點，而產生各種不同的教派，其實傳教的內容並沒有差別，只是在機智方面的爭論，爲了表現教派的區別，變化就出現在十字架上，但信仰的道路是殊途同歸，一樣是皈依於十字架的道路。

談及十字架的歷史；早在古羅馬時代，原本是一種執行死刑的工具，由兩根相交的木柄組成，執行前，由受刑人背負到刑場，在

眾目睽睽下，殘忍的釘死在十字架，耶穌就是如此無辜的被釘在十字架，所以十字架對基督徒而言，有特別深遠的意義，而且被視爲神聖不可侵犯的標誌。

有一次，在聊天時，談到有關十字架的區分，承蒙周繼源神父的應允，慷慨提供一篇翟振孝撰寫的〈救贖與感恩〉，才得一窺十字架的堂奧；一般常見的十字架，是以T字型，或類似基督十字上端略短於下端，大致分成：希臘十字架（稱正十字架，四臂等長）、聖安德烈十字架（如羅馬數字X形十字架）、拉丁十字架（稱長十字架，下臂長於其它三臂）、聖安東尼十字架（稱T十字架，是三出式的十字

架）、以及拜占庭式十字架等。

特殊的是拜占庭式十字架，講起來，它的基本結構是長十字架，上端有短橫柄、下端有短斜柄），還有形制較爲複雜的十字架，除主體爲基本的拜占庭式，不僅有耶穌被釘在十字架上，周邊多了好幾個圖案；在十字架上端，是五幅聖節場景，有聖殿裡獻與主、光榮的進耶路撒冷、耶穌復活、天主應許亞巴郎生子等，圖騰裡述說了耶穌的一生，以及我們是亞巴郎的子孫，在聖節最外圍，繪有六位天使；在十字架左右兩端，分別有希臘文字的IC與XC，是耶穌基督的意思；在十字架的下端，繪有髑髏，象徵耶穌被釘十字架的地點，兩旁站立的人物分別爲聖母瑪利亞、聖保祿及宗徒們。

根據記錄：西元一世紀的基督教藝術中，耶穌的形象尚未出現在十字架上，直到西元四世紀君士坦丁時代，十字架開始成爲基督

十字架

復活的表徵，逐漸到了西元十三世紀，才出現了寫實主義的「耶穌在十字架上受苦難」形象，成爲今日教堂裡的固定陳設；當然，基督教的禮拜堂並未改變，仍舊維持一副空無耶穌的十字架。

在教會的沿革史中，君士坦丁大帝是一位重要性的人物，他將基督教劃分爲羅馬教會，與東正教。羅馬教會就是指梵諦岡的西方教會；東正教包括蘇俄、希臘、敘利亞等國的東方教會。另外，十六世紀的宗教改革，爲了教會日漸腐化，與贖罪券的問題，於是再次造成教會的嚴重衝擊，而產生馬丁路德的路德教派、若翰喀爾文的喀爾文派、湯瑪士克藍麥的聖公會，日後，又衍生出循道公會、救世軍、公理宗教會、貴格派、長老會、浸信會等，也就是現有基督教的各種教派。

讀過西洋史的人，或多或少應該知道十字軍東征，當年，西方

的基督徒，爲取回聖城耶路撒冷，而發動遠征，從一〇九六到一二九一年，近二百年間，大型的戰爭，共計八次，其中人力與財力的耗損不計，就歐洲的社會、經濟、制度等各方面，確實產生了極大的影響。

從十字架的不同，看到教會過去的分裂，甚至還發生了流血的戰爭，此種紛紛擾擾爭執，決非天主所中意，也看出無知的人類，在實質不對立的基礎上，卻有了誤以爲對立的理論，爲弭平教會歷史的裂痕，教宗保祿二世不斷致力於和好的工作，甚至與回教領袖見面時，表達過去發動「十字軍東征」的歉意，此舉，是教會所跨出的偉大一步，誠如天主經中所言：「求你寬恕我們的罪過，如同我們寬恕別人一樣」，在求取宗教的和諧時，決不能脫離或毀傷仁愛與人類社會的法則。

贖罪

贖罪

——爲審判做準備

走進教堂，首先映入眼簾的是十字架上耶穌，那是一幅怵目驚心的苦像；曾經有一位神父在彌撒中問教友：「可想過千百年來，十字架上的耶穌，爲什麼還不走下來？」心頭凜然一震，心想「是啊！受苦的耶穌，爲什麼不走下來呢？」

十字架上的耶穌，用他渴望的眼神望著，彷彿回答說：「我期待你的悔改，期待你的獲救。」當年，耶穌被帶走，準備受刑時，

贖罪

有許多民衆在後面跟隨，有些婦女爲他悲傷哀哭，耶穌不就是轉身對她們說：「耶路撒冷的女子啊！別爲我哭，要爲你們自己和你們的兒女哭，因爲日子就要到了，人要說：『未生育，未懷過胎，未哺育嬰兒的，多麼幸運。』那時，人要對高山說：倒在我們身上吧！要對小山說：遮蓋我們吧！因爲對青綠的樹木做了這樣的事，對枯乾的樹木又將怎樣呢？」在婦女痛哭之餘，耶穌仍不忘奉勸世人，爲了自己的靈魂，應該多行善事，早些爲死後的審判做準備，因爲死亡隨時會到臨，不要到時候措手不及。

是啊！誰能料到半夜三更，會發生一場「九二一」大地震，結果人被活埋了，家被震垮了；又有誰知道，一場大雨竟會挾帶滾滾土石流，一夕之間，家園爲之變色；或是說多少的意外事件，無端的失去了生命，這些的「無常」，不就經常在我們周遭反覆的上演

嗎？可惜人性是健忘的，始終無法記取教訓，所以耶穌苦口婆心，甚至到最後時刻還勸說：「日子就要到了。」當然，是指最後審判的日子，隨時會來臨。

捫心自問：「有多少人在九二一大地震時，還記得禱告，求救於主耶穌？又有多少人面臨病痛或臨終時，仍記得呼求主耶穌基督之名？更別說有誰能在生命交關的時刻，會痛悔己罪而祈求天主的寬恕。」說實在的，人性太軟弱了，如果沒有堅定的信仰，連怨天尤人的時間都不夠，那還有時間顧及祈禱的事，或痛悔往日的罪愆，所以要靠平常的修練，必須在人世間，種下了善因，才有結出善果的機會。

所謂「修練」，是指去蕪存菁的意思，人生在世，不免被許多的貪念、私欲、偏情所羈絆，依據「清氣上升，濁氣下降」的道理，

贖罪

當然，內心的羈絆越多，越顯得不自在，有鑒於此，爲什麼不設法擺脫各種的形式的羈絆，耶穌說過：「若你的手使你跌倒，砍掉它！你殘廢進入生命，比有兩隻手而往地獄裡，到那不滅的火裡去更好。若你的腳使你跌倒砍掉它！你瘸腿進入生命，比有雙腳被投入地獄裡更好。若你的眼使你跌倒，剜出它來！你一隻眼進入天主的國，比有兩隻眼被投入地獄裡更好。」固然並非眞的剎肢刨眼，卻不難理解是很嚴厲的一句話，沒有一點討價還價的餘地，因爲最後審判時，會把世間的所思、所言、所行，很公平的放在天秤上，靈魂是輕？是重？頃刻間纖毫畢露、無所遁形，所以能不努力的修練嗎？

經過一星期後的彌撒裡，神父又問了同樣的問題：「你們知道耶穌爲什麼不從十字架上走下來嗎？」停了一會兒，神父接著說：「是因爲你的罪沒有釘死在十字架上，沒有替換之下，所以耶穌走

不下來。」又是心頭爲之撼動，不禁在內心吶喊：「願意把一切罪惡念頭釘死十字架上，讓耶穌基督放心的走下來。」事實上，談何容易呢！想要擁有毫無罣礙的人生，就必須努力掙脫層層人性的枷鎖；常常聽到有人發誓要做什麼，或不再做什麼，但結果是積弊難改，好像受到習慣的巨輪機器，不由自主的照舊習往前，乃至造成種種愚蠢的事情一再發生，所以要時時警醒的像個戰士，不讓惡習有故態復萌的機會，或許有人認爲「清心寡欲」的人生太寂寥、太無趣，事實不然，反而唯有如此，才算是做了自己的主人；譬如：耽溺於名利的人，心心念念的，無非名利的事，何暇顧及心性修練的課程，可是撥一撥生命的算盤，就知道利與弊之比。縱然是賺到全世界，卻賠上了自己的生命，划得來嗎？所以此刻不努力更待何時。

隨著被釘死在十字架上，耶穌已爲世人完成贖罪的任務，打通了通往天國的道路；我們知道死亡，只是肉身的敗壞，並不能眞正毀滅生命，如有機會把短暫的人生，進入到永生的層次，爲什麼不去把握呢？耶穌說：「我就是道路、眞理、生命；要不是藉著我，沒有人能到父親那裡去。你們既然認識我，你們也會認識我父親的。從此，你們認識祂，你們已經看見祂。」所以他教導我們，知道天主在萬有之上，及愛人如己，知道在生活，必須忍受痛苦，背著十字架，要跟緊基督的腳步行走。

基督的福音裡，講的是十字架的道理，也是基督徒應該

恪守的道理。簡單的來看：直而長的路，是建立人與天主間良好的關係；橫而短的路，是建立人與人間良好的關係；主耶穌基督正好位在交叉的地方，所以對基督徒而言，無論發展縱向的關係，或發展橫向的關係，應該時時以基督的標準爲標準，非但不做天主不喜歡的事，還要努力做善功、做善表，好成爲一名天主所喜愛的子女。

至於什麼是善事，那就要透過觀察，不要被表面矇騙，有人說：「當我們站在路上察看，訪問古道，如果那是善道，便行在其間。」也就是說，如果是好的，便當擇善固執的貫徹到底。

教堂

教堂

——人類文化的瑰寶

教堂，是人們祈禱的場所，爲了讓祈禱的聲音能直達天庭，在歐美國家不難看到古式的教堂建築，往往是高聳入雲的歌德式建築，最典型如義大利的米蘭大教堂，有幾百根的尖塔，巍然站立在大片的建築之上，會使人仰之彌高，鑽之彌堅，站在堂外，不免給人有「何其渺小」的感覺。

另外，是羅馬式建築的教堂，它是半球形的圓頂，會顯得格外

教堂

宏偉，而且有莊嚴肅穆的感覺，人一旦步入其內，很容易會感受那股氣氛，心靈會自然沈靜下來。在羅馬就有座萬神殿，是建於西元一世紀，爲目前保持最完整的羅馬古建築，如今也成爲聞名世界的教堂建築。有趣的是，圓頂留有窗洞，是室內唯一的光源；白晝，日光透過玻璃照射進來，可以清楚的看到一束束的光，從天而降，點化出造物主的偉大，頗有聚焦的效果，祈禱者，更能虔誠專務的祈禱。

除了教堂的建築有其風味外，彩繪玻璃也是特色之一，通常教堂長形的玻璃窗，上面圖繪著聖經故事，圖樣是歐洲文藝復興時期的聖畫，十分的賞心悅目。如義大利翡冷翠的聖母百花大教堂，它的光耀特色，就在於七彩的玻璃窗，裡面彷若霞光披照，正如襯托出無玷聖母瑪利亞的高貴之身，與教堂名實相副。

衆所周知，西方文化一向與宗教息息相關；譬如從十字軍東征開始，還歷經了文藝復興、宗教改革等等的年代。從各式的建築面而言：從希臘的神廟式圓柱建築、羅馬的圓頂式拱門建築、歌德式建築、文藝復興式建築、巴洛克式建築，乃至近代的新式建築，各時代不同的建築各有擅場，卻已完全融入教會的文化，做爲奉獻上主的聖殿。想像興建之初，該是如何的動員無數人力與財力，一鑿一斧的經過三、四百年完成，大理石的材質，再以純金純銅打造，其富麗堂皇的程度，實在美得無與倫比，表現出當時民衆虔信的程度；光是外觀，足以讚嘆不止了，眞是人類文化的瑰寶。

歐美一些天主教國家，保留了許多偉大的教堂建築，成爲今日時代的見証；猶如佛教國家處處有寺廟，與回教國家處處有清眞寺，一樣是建設得金碧輝煌，可見宗教的力量之大，讓人心甘情願的奉

獻。事實上，宗教是人類社會中最重要的連繫物，在競爭激烈、爾虞我詐的大環境裡，宗教就像淡雅的芬芳劑，很容易隨風吹逝，如果有心去尋求，不難發現它存在的奇妙價值，起碼能激發潛在的向善的人性，換言之，對人類的發展會有幫助，所以自有人類以來，宗教始終是如影相伴。

看見歐美那些有千百年歷史的古教堂，於今依然屹立不搖，的確，予人有莊嚴肅穆的感覺，除此之外，教堂是一處心靈安憩之所，儘管時代更迭不已，但教會一直是以「平安、喜樂」的宗旨教之，其實多有不同的衆生裡，所冀求的不就是如斯願望嗎！

或許「平安、喜樂」平淡無奇，沒有什麼大的道理，一旦要終生奉行不渝，卻是不易做到，必需做很大的努力，來克制自己的偏私與情慾；何況人性的軟弱，常會影響行事作爲，此刻，只有靠宗

教的力量，來導正一些偏頗的思維。

應該說，人生的旅途裡，有高潮，有低潮；當躊躇滿志時，往往掉進了名利的泥沼，無暇顧及心靈最純潔的呼喚，可是面臨失意之時，往往最需要是心靈的慰藉，而教會就是那雙慰藉心靈的手，無論何時何地需要，永遠張開雙臂，在那邊等候光臨。許多人度過低潮期後，又是故態復萌不再進教堂，但天主遍灑雨露的救恩，從過去、今日到未來，是不會改變的，猶勝過父母對子女的愛。

有位本堂神父說過：「教堂的門，爲所有人而開，不分好人或壞人，即使夜半按鈴，也會爲他開門。」偉哉斯言！因爲堂內曾經遺失過財物，卻不改「來者不拒」的想法。誠如當年，大弟子聖伯鐸問耶穌：「主啊！我的弟兄得罪我，我該饒恕他幾次呢？七次夠嗎？」耶穌說：「不是七次，而是七十個七次。」該是多麼偉大的

胸襟啊！說明了寬容，無限的寬容，就是基督徒應有的內涵。

十九世紀，法國小說家雨果寫了一本《孤星淚》，敘述：一位關了十九年的流浪漢，在寒冷的夜裡，敲著主教住所的門，主教熱忱的招待吃住，第二天不告而別，連貴重的銀器也不翼而飛，正好被巡警捕獲，送至主教住所對質，主教反而親切的對流浪漢說：「還有一對銀燭台，你忘了拿，這次走的時候，可千萬別忘了。」過了多年後，主教過世了，流浪漢不斷在事業上奮鬥，成爲深受衆人愛戴的市長，爲民衆奉獻一生，最後有如聖人般的離世。

台灣南部有一位外籍老神父，被年輕人的機車撞斷腿，警方找雙方做筆錄，問神父：「要不要對年輕人提出告訴。」神父回答：「只要年輕人做到每天讀一段聖經就行了。」還送一本聖經給年輕人，年輕人想：世上竟有如此便宜的協議。當場就爽快的答應，也

眞正的按照協議去做，遇到不懂的地方，還去請教神父，經過一段時間後，年輕人也成爲虔誠的基督徒了，此事，經報紙揭露，倒也有幾分的動人。

前面一則是小說，後面一則是現實生活發生的事，兩相對照下，倒也有前後相映之效。所以教堂的外觀，固然有萬千的儀態，重要是在於那顆內在的心，「是眞的愛天主嗎？」「是眞的虔敬天主嗎？」如果是眞心誠意的信仰天主，那麼清水也會化爲甜美的甘泉，任誰喝了就不會再渴；而且是「飲之不盡，取之不竭」。

感恩聖祭

感恩聖祭

——望彌撒

教堂是教友們聚會的場所，或更好說是心靈的避風港；甚至在五〇、六〇年代，還兼負發放救濟物資的功能，以及爲民衆免費看診等等。如果再將時間向前推移，從清末到對日抗戰的年代，教堂常是難民收容所，有些許多神父、修女、傳教士紛紛加入後方救援隊，其中如比利時籍的雷鳴遠神父，他那種力行全犧牲的情操，爲今人所感佩不已。

的確，在中國苦難的年代裡，教會始終扮演救苦救難的地位，至於所播撒愛的種子裡，萌芽的究竟有多少？不得而知，但統計全世界信奉天主教的人口有十三億之多，信奉基督教的人口有十一億之多，信奉回教的人口有十億之多，信奉佛教的人口有三億之多，可見天主的國度，確實如同磐石般，在人世間有牢不可破的發展。我們知道梵諦岡是教會的中樞，所擁有的地域最小，不過無形的疆域，卻十分的遼闊，大於任何國家，如今基督的子民已遍布世界各地，所以梵諦岡又是最有實力的國家。

我們看到在每年四月的復活節，及十二月二十五日的聖誕節，兩個宗教的大節日裡，教宗總會在梵諦岡的大廣場舉行盛大的彌撒，有數十萬的信徒參與，場面之浩大，氣氛之莊嚴，足以使人動容，尤其當「阿肋路亞」的讚美聲齊響時，簡直已穿入重霄，和諧的音

韻猶如天籟般的美。

所謂「彌撒」又稱感恩祭，是基督徒領受天主無數的恩惠，尤其是聖子耶穌降生爲人，最後爲我們做了愛的犧牲。爲了感謝天主，而有了感恩獻祭；培根曾做了一個狗的比喻：「當狗兒發覺自己在受某人的飼養時，它必有感恩與忠誠的表示。」由此可知，有靈性、有智慧的人類，當然更應知道對蒼天感恩的重要。

對於感恩祭，耶穌做了示範，他在最後晚餐前，對宗徒們說：「我渴望而又渴望，在我受難前同你們吃這一次逾越節（是爲了紀念天主救以色列人民出埃及的大恩，大約在三、四月間。）晚餐。我告訴你們：非等到它在天主的國裡成全了，我決不再吃它。」耶穌接過杯來，祝謝了說：「你們把這杯拿去，彼此分著喝吧！我告訴你們：從今以後，非等到天主國來臨了，我決不再喝這葡萄汁

了。」耶穌拿起餅來，祝謝了，擘開，遞給他們說：「這是我的身體，爲你們而捨棄的，你們應行此禮，爲紀念我。」晚餐以後，耶穌同樣拿起杯來，說：「這杯是用我爲你們流出的血而立的新約。」第二天，耶穌就被釘死十字架上。

至今每一台彌撒，皆是爲紀念耶穌所舉行的儀式，其內涵是教導學習彼此相愛，好成爲眞正的基督徒。儀式結構有：一、進堂式；二、聖道禮儀；三、聖祭禮儀；四、領聖體禮；五、禮成式。進行時間的長短，隨紀念節日的性質有所不同，其中聖道禮儀與聖祭禮儀，是彌撒過程的重心。

「聖道禮儀」顧名思義是聆聽天主聖言，由聖經的舊約或新約擇篇恭讀，神父再根據福音的內容，對教友加以講道闡釋；其次，「聖祭禮儀」此一部分，主要是在於祭祀，是向天主奉獻祭品，儀

式的祭品有無酵餅與葡萄酒，無酵餅是耶穌基督的聖體，葡萄酒是耶穌基督的聖血；因此可以說，在彌撒當中，耶穌是天主祭台前的犧牲祭品，不斷的被我們舉揚祭獻，猶如耶穌釘在十字架上的血祭一般，完成爲人類贖罪救世的工程，同樣的道理，身爲基督的子民，更應該懂得效法耶穌，將每天的我鍛鍊爲純淨無瑕的羔羊，做爲日常生活祭祀天主的犧牲品。

基督徒參與彌撒，就如同參與「耶穌最後晚餐」的聖宴，那是一種無上的榮耀，在過程中，並非只是表面化的行禮如儀，而有更深的教育意涵，譬如彌撒開始，在進堂式時，主祭神父說：「願天父的慈愛，基督的聖寵，聖神的恩賜與你們同在。」，以及彌撒結束，在禮成式時，主祭神父說：「願全能的天主，聖父、聖子、聖神，降福你們。」可見彌撒是最完整的祈禱儀式。

耶穌曾經允諾的說：「我實實在在告訴你們：凡信我的，我所做的事業，他也要做，並且要做比這些更大的事業，因爲我往父那裡去。你們因我的名無論求父什麼，我必要踐行，爲叫父在子身上獲得光榮。你們若因我的名向我求什麼，我必要踐行。」何況在教堂裡，有多人同聲合意的祈禱，必然具有加乘保証的力量；而耶穌所說的「事業」，是指愛人如己的事業，也點化了成爲一名基督徒應有的要件。

當然，教友在祭典中，有很多應該共同執行的事情，如共同祈禱、誦唸、歌唱等；至於參與聖祭最重要的是，心靈要準備好，偕同十字架上，自爲祭品的基督，一起祭獻；即使我們是渺小得一無可取，或只是一名可憐的罪人，可是一旦與基督結合後，一起獻祭時，反而是加強了對天主的欽崇、謝恩與求恕的心願。

有關彌撒，教會曾經做了扼要的闡釋：一、在天主教會內只有

愛的盟約

一種眞正的犧牲，就是耶穌基督親自建立的彌撒大祭。這是他的血和肉，靈魂與神性的犧牲，是他完全自我的犧牲，隱藏在麵酒形內。二、這犧牲是十字架上的犧牲，基督親自做了祭品也做了司祭。這奉獻僅有的相異點是：昔日十字架上的奉獻是血淋淋的，而今日祭台上的奉獻是用餅和酒。三、彌撒是一種祈求寬赦的犧牲祭獻，爲在生的罪人，也爲已死去的人。四、彌撒的效力源於十字架上的犧牲，基督所做的偉大奉獻，已直接恩澤普世。五、雖然彌撒是單向天主的奉獻，但也可同時紀念一總的天朝聖人聖女。六、基督在最後晚餐建立了彌撒聖祭。七、基督親自祝聖了他的門徒成爲司祭，給予他們權力和命令，好去奉獻他的聖身聖血，直至萬世萬代，而且要不斷的重行這個奉獻。

總之，爲了讓基督的「愛」孳生不輟，只有藉著彌撒，不斷的向天主祈求，賞賜更多更豐富的愛到世間。

你儂我儂

你儂我儂

——聖體聖血

《你儂我儂》是首旋律優美的老歌，加上動人的歌詞，哼唱起來，別有一番深長的情味，曾經流行於一時，它是這麼寫著：「你儂我儂忒煞情多，情多處熱如火，滄海可枯，堅石可爛，此愛此情永遠不變，把一塊泥，捏一個你，留下笑容使我常憶，再用一塊，塑一個我，常陪君旁，永伴君側，將咱兩個一起打破，再將你我用水調和，重新和泥，重新再作，再捏一個你，再塑一個我，從今以

後我可以說，我泥中有你，你泥中有我。」好美的歌！好美的意境！如今回味起來，仍然讚嘆再三。

從歌唱人與人間的情愛，再探討到人與天的情愛，是很有意思的話題。人的軀體，不就是泥與水調和而成的嗎？當然所謂的「泥」，是含有許多磷、鈣與蛋白質之類的碳水化合物，但是仍欠缺生命的一口氣，於是造人的天主又噓氣，使兩個泥人活了起來，而此「氣」是含有圓滿的愛；如天地的輪轉，四季的變化，萬物的滋生，未曾有中輟的時候，所謂「天行健，君子以自強不息」。已足以一言概括之。

自從渾沌初開起，天主對人的愛，確實不曾減過一分；在舊約時期，有先知運用各種形式，啓示天主的旨意，直到人子耶穌基督來世，重新建立了天主與人的關係，更讓世人知道天主救恩的計畫，

於是進入了現今的新約時代。

有一次，耶穌向法利塞人尼苛德摩說：「正如梅瑟在曠野舉起銅蛇，人子也照樣會被舉起來，要使所有信他的人都得到永恆的生命，因爲天主差遣他的兒子到世上來，不是要定世人的罪，而是要藉著他來拯救世人。」梅瑟是舊約時代的先知，當時以色列人在曠野，曾遭受火蛇的攻擊，很多人被咬死，天主啓示梅瑟打造一條銅蛇，懸在柱子上，凡舉首仰望銅蛇的人就可痊癒，而耶穌就是藉此預言，他將如銅蛇，被舉起釘在十字架上，那麼凡瞻仰他的人，信靠他的人，必得永生。這是一個新時代的開始，彷若原本舊約的泥人，已被耶穌「打破」，經過用「愛」的融合劑調和後，再賦予泥人的新生命，成爲一個有希望的新生命。

基督徒是最幸運的一群，因爲他們確切知道「人生活，不只靠

餅，也要靠天主口中所發的一切言語」。於是聖經一直被奉爲圭臬。藉著聖經所傳達「愛」的訊息，不僅獲得與天主共同生活的特恩，當然人與人間，也會有更密切的連繫，而成爲天主懷抱中的兄弟姊妹。

另外，基督徒在感恩祭中，領聖體聖血是一項重要的儀式，以企求心靈與基督結合爲一體，充實心靈的精神力量，所以彌撒聖祭又是「愛」的聖事。耶穌說：「我實實在在告訴你們，你們若不吃人子的肉，不喝他的血，你們就沒有眞生命，吃我的肉，喝我的血，常在我生命裡，而我也在他生命裡。永生的父親差遣了我，我也因祂而活；同樣，吃我肉的人，也要因我而活。這就是從天上降下來的食糧；那吃食糧的，要永遠活著。這食糧不像你們祖先吃過的，他們吃了，還是死了。」耶穌的用意，是以他的血肉來養育我們靈

性；當然，不是肉體的血肉，而是耶穌精神性體的血肉，使信從的人得到永恆的生命。

領受聖體聖血是聖寵，對基督徒而言，如同邀請耶穌到家做客，豈能不仔細的清掃一番，爲了清理心靈的宅第，要先做深切的反省；領聖體時，應虔心發出信、望、愛三德，要像當時羅馬百夫長請耶穌到他家裡去，爲他的癱瘓僕人治病，耶穌答應了，百夫長謙遜且熱誠的說：「主，我當不起你到舍下來，你只要一句話，我的僕人就會好的。」能持如斯的心情，才是天主所中悅；領聖體後，應該虔敬的接待耶穌，爲表示感恩及悔罪的心情，要踐履以愛還愛、以心體心，立志做好基督忠實的信徒，進而把基督愛的精神帶入人群中，以散播給更廣大的群衆。

小麵餅與祭禮的葡萄酒，是靈性成長的寶貴養分，有無邊的效

用。誠如耶穌說：「我是眞葡萄樹，我父是園丁。凡在我身上不結果實的枝條，他就剪掉；能結果實的枝子，他就修剪，使它結更多的果實；我對你們所講的話，已是清潔的了。你們住在我內，我也住在你們內，正如枝條若不留在葡萄樹上，憑自己是不能結果實一樣。」的確，枝葉要長得茂盛，必須靠樹的主幹不斷輸送養分，一旦枝葉離開了樹幹，很快就會枯死，所以基督徒需要終生全心全靈的依賴天主，祂和我們的關係，是頭和肢體的關係。有如聖保祿宗徒說過，我們是基督的肢體，基督是我們的頭，彼此合爲一個神妙的身體。

如果努力的追本溯源，不

難發現基督確實是人類生命的根源，反而更勝於出自母胎的生命，因爲人出自母胎後，就成爲獨立的個體，即使嬰兒經過三年的餵養，也開始有自己的行爲主見，所以充其量父母是兒女生命的傳遞者。或許「天下無不是的父母」此話未必正確，但造物者天主對我們的「愛」，是亙古不變，對我們所講的「聖言」，即使世界會過去，祂的話也不會變，絕非世間「滄海可枯，堅石可爛」的字句所能比擬；這就是希望，是基督徒世世代代所信靠的眞天主。

和好聖事

和好聖事

——辦告解

三十多年前，有一部《烽火鐘聲》的電影，演的是雷鳴遠神父的故事，曾經轟動一時。

雷鳴遠神父是比利時人，從小就嚮往中國，二十四歲進入中國傳教，就再沒有離開過中國的土地，那時正值抗日戰爭爆發，而他已年近六旬，仍與教友組成救護隊，不計個人的安危，經常出入於烽火中，搶救無數受傷官兵。一生受苦不少，卻不以爲苦，熱愛中

國的心至死不渝，他常對人說：「我爲中國人生，我爲中國人死。」更以做中國人爲榮，身邊永遠攜帶聖經與論語兩本書，深諳中國文化，由此可見，他比中國人還中國。

電影穿插許多感人肺腑的情節，很讓人感動，所以至今記憶深刻，日後又讀了修會爲他所寫的《雷鳴遠神父傳》，對於他人格偉大有更深的認識。

有一次，雷鳴遠神父疾言厲色的指責一名修士，之後那名修士與衆修士進餐廳，大夥兒正在用餐時，雷鳴遠神父來到被指責的修士面前，不顧衆人的眼光，忽然雙膝跪地，請求修士的原諒，年輕修士不知所措，錯愕得流出淚來，隨著也跪倒在地，兩人的心結就此化解。

從雷鳴遠向修士下跪的事來看，不得不佩服他的勇氣。其實，人與人的磨擦，是常有的事，一般人不會太在意，何況上司斥責下屬，往往被視爲理所當然，但雷神父不因此任性而爲，相反的，是在大庭廣衆前求得和好，無怪乎！做古已久的雷鳴遠，其偉大的義行善風，仍讓人追思不已，那本《雷鳴遠神父傳》，還被翻譯成英文、法文、葡文普行世界。

與人和好，並不容做到，尤其年紀越大，地位越高之際，越難向對方啓口求其寬恕，但是天主經裡有「求你寬恕我們的罪過，如同我們寬恕別人一樣」，換言之，爲不傷愛德，理應主動伸出和好的雙手，也等同與自己和好；能貫徹「和好」的旨意，才堪稱爲天主的好子女。

人與人和好，可以避免社會的動亂；國與國和好，可以避免戰禍的損傷。如果人人皆能如斯的做，那麼世界大同的理想不遠矣！

再更深入的想，爲什麼人的心靈遲鈍了，與天主的距離似乎遙不可及，實在是受到罪惡的矇蔽，導致不敢目視天主，但有些罪是無心之過，或環境誘惑，或習慣使然，總之，形成與天主溝通的障礙。爲了能夠洗滌罪污，耶穌爲世人爭取補贖罪愆的機會，等於打通一條往天國的方便之路，也就是深切痛悔己罪，祈求天主的寬恕，所以每所教堂設有告解亭，而教會也一再呼籲辦告解的重要，鼓勵教友重視與天主和好的聖事。

所謂「知恥近乎勇」，唯有勇於改過的人最可貴，如同耶穌說了一則「浪子回頭」的故事：有一個父親，應小兒子的要求，把財產平分給大、小兒子。小兒子帶著家產搬出去住，過著荒淫無度的日子，很快就揮霍淨盡，然後過著窮困潦倒的生活。有一天，小兒子忍受不住，回頭祈求父親能收容他，那父親看見他，就動了憐憫

的心，擁抱他，給他上等袍子穿，還戴上戒指、換上新鞋，另外吩咐僕人宰殺肥牛犢慶祝歡樂，對於過去荒唐的行徑，完全不去提它。等到大兒子下工返家，看見如此場景，心裡不高興，但父親卻說：「你弟弟是死而復生、失而復得，所以應該慶賀」。故事明白的告訴我們，只要肯誠心俯首認錯，即使犯了有如殺人放火、姦淫擄掠的大罪，天主，我們在天上的父親，豈有不原諒、接納之理。

辦告解是件大事，應該抱持敬謹的心去做。首先是「省察」，就是反省上次告解以來所犯的罪；第二是「痛悔」，就是要真誠的

悔恨罪過；第三是「定改」，就是下定決心不再犯過；第四是「告明」，就是把罪過明白的敘述；第五是「補贖」，就是完成聽告解神父所罰的神工。告解者念「痛悔經」時，要在內心重發悔罪自新的心，如果不幸又重蹈罪過的覆轍，仍要重新痛悔己罪的辦告解。

有些人不敢向神父告明罪過，似乎有難於啓齒的羞愧，其實是多慮了。神父是人，當他聽告解時，是代表耶穌行使神權，一旦出了告解亭，即使面臨危害自己的性命，也不能洩露任何人的罪過。

神父之所以有赦罪權，是其來有自。聖經記載：正是那一週的第一天晚上，門徒因爲怕猶太人，門戶都關著，耶穌來了，站在中間對他們說：「願你們平安，就如父派遣了我，我也同樣派遣你們。」說了這話，就向他們噓了一口，說：「你們領受聖神吧！你們赦免誰的罪，就給誰赦免；你們存留誰的，就給誰存留。」無疑

的，宗徒們乃至後世的主教、神父們，承繼赦罪的權柄；我們知道耶穌降世，爲的是拯救罪人，如今耶穌升天，留下了告解聖事，給予世人有赦罪的機會，也是擺脫罪惡的唯一途徑，所以理當要好好的遵循，以維繫人與天主良好的關係。

古訓：「人非聖賢，孰能無過？知過能改，善莫大焉！」雖說「告解」是基督徒一大福音，但最主要仍需落實在日後的「善行」上，才有修德成聖的希望，如雷鳴遠神父會被後人頌揚，實在是他奉行「克己愛人」的懿旨不遺餘力，尤其在「愛德」路上自律甚嚴，不允許存有任何小瑕疵，這就是他的人格偉大之處。

牧羊人

牧羊人

——天主揀選的僕人

一提到牧羊人，不難聯想到一群羊兒，徜徉在大草原裡，有些羊自由自在吃著青草，有些羊是圍繞在牧羊人的膝前，很溫馴的發出討人喜愛的咩咩聲；到昏黃時分，太陽下山了，牧羊人拿著牧羊杖，一隻也不少的徐徐將羊群趕進羊棧裡。這種場景是何等的溫馨寧謐。

信仰，不就是爲追尋這般人生的溫馨寧謐嗎？從教會的觀點來

看，牧羊人、羊群、羊棧三者，猶如神父、教友與教會之間的關係，耶穌說：「我是好的牧羊人，好牧人是願意爲羊捨掉自己的性命。雇工不是牧羊人，羊也不是他自己的，所以一看到狼來，就會丟下羊逃跑，狼抓住羊，趕散了羊群。雇工會跑掉，因爲他只是一個雇工，對羊漠不關心。我是好牧人，我認得我的羊，我的羊也認得我，正如父親認得我，而我也認得父親一樣，我願意爲羊捨掉我的性命，我還有別的羊，還不屬這一棧，也該把牠們引來；牠們會聽得我的聲音，牠們自會合成一群，同屬一個牧羊人牧養。」

綜觀耶穌的一生，的確是盡到好牧羊人的責任；那麼承繼耶穌基督使命的聖職人員，有責任繼續做好牧放基督的羊群，此外，還要以慈悲心照顧無牧之羊。比如：台北市天母的聖安娜之家白永恩神父，已是八十餘歲的風燭老人，還在悉心照顧中、重度智障的孩

童；另有馬祖南竿的石仁愛修女，奉獻了近半個世紀的歲月給馬祖外島，在無數個艱困的日子裡，在缺乏醫生的年代，不只是傳播福音，還擔負了接生的工作。無論白神父或石姆姆（修女），以及更多聖職人員所付出的一切，無不爲了傳揚「天主是愛」的眞精神，這就是牧羊人的本分。

所謂聖職人員，是經過「聖秩」聖事授與後，得以從事教會福音傳播者和善牧的工作。當年，耶穌在山上揀選十二宗徒，常同他們在一起，並派遣他們去宣講福音，且具有驅魔的權柄，其中包括出賣耶穌的猶達斯；日後，宗徒們遭受辱打、迫害，甚至脅迫他們不准再因耶穌的名字講道，但他們被釋放後，仍然每天不斷在聖殿內或挨戶施教，宣講基督耶穌的福音，那時候，門徒漸漸增多了，於是十二宗徒召集衆門徒說：「讓我們放棄天主的聖言，而操管飲

食，實在不相宜，所以弟兄們！當從你們中檢定七位有好聲望，且充滿聖神和智慧的人，派他們管這要務，至於我們要專務祈禱，並爲眞道服役。」此話獲得大眾的悅服，就從中選立充滿聖神和智慧的七位擔任執事，以協助宗徒們處理教會的大小事務。

天主教會有嚴謹的體制，從最初耶穌揀選十二宗徒，到選立七位執事的過程，可以看出其來有自的主教、神父(司鐸)和執事三種品級，形成教會主要的結構。職務的區分上：主教是地方教區內，負有訓導、管理、聖化的職務；神父是主教的合作者，要遵從主教，在堂區執行基督司祭職；執事是經由主教派遣，輔助主教和神父，除不能舉行獻祭外，服務天主子民的項目甚多，包括協助神父分送聖體、祝福婚姻、宣讀福音及講道、主持葬禮及愛德服務。

教會的聖職人員，必須終身奉獻爲教會服務；唯執事不受結婚

的禁令，其餘的主教與神父，是要謹守獨身的生活。不容置疑，揀選的首要條件，須具備堅貞的信仰，才能成爲基督忠誠的僕人，爲教友們立一個的好榜樣。

當年，耶穌的大宗徒伯多祿爲第一任的教宗，爲全球教會的元首，與其他宗徒們共組一個宗徒團；相傳至今的教宗若望保祿二世，已是第二六四任教宗，那麼教宗自由任命的樞機主教，所組成的樞機團，就如宗徒團一樣，共同參與羅馬教廷大事，也具有選舉教宗與被選舉教宗的資格。

在各國或較大地區，有所謂「主教團」的組織，而大的教區設有總主教，另設有輔理主教一人或多人，各下轄數個堂區，而主教

是經推薦後，再由教宗任命，所以主教是從聖事中領受了最圓滿的「聖秩」。

韓愈說：「古之學者必有師。師者，所以傳道、受業、解惑也。人非生而知之者，孰能無惑？惑而不從師，其爲惑也終不解矣。」是的，主教、神父就是教會的師長，他們在信仰的道路，或說是人生的道路，必須帶領教友認識天主，貫徹教會所賦予「傳道、受業、解惑」的使命，換言之，聖職人員就是基督派遣的使者，是普受教友們的敬重。

由於教會工作紛雜，正如入世傳道的途徑有許多種，因此又設立不少功能性組織的修會，可適才的發揮所長。男修會（如耶穌會、聖方濟會）女修會（如主徒會、仁愛會）等等，是爲特別理想或特殊傳教事業而工作；當然，男修會是由神父組成的團體，女修會是

由修女組成的團體，他們重要的特色之一，是要過團體生活。

天主教的修會雖多，卻仍是屬於同一體的羅馬大公教會；此與基督教的教會，顯然大爲不同，最常知的如聖公會、浸信會、長老會等等，各有獨立的人事行政體，教派一向互不隸屬。儘管名稱不同，信仰的根源仍是一體，好比有人看看到基督在經書上，有人看到基督在沙漠裡，或有人看到基督在秘室中，各有不同的詮釋罷了！

所以天主教教宗，近些年，極力促進屬於各種不同教派的基督子民，能夠一步步朝著大融合的境地而邁進；因爲耶穌基督外衣是無縫的，即使已被染成千變萬化的顏色，仍要保持原本無縫的特質，終究是不能分開。

正如同基督的羊棧只有一個，而牧羊人卻不只一人，最後來自四面八方的羊兒，還是要聚集在基督的羊棧內休憩。

記號

記號
——教會七件聖事

有位朋友，多年前，面臨了工作受挫、投資失敗等等，在諸事的不順遂，在人生低落的時刻，他求助於靈媒，想請靈媒指點迷津；據他說，那位靈媒左看右看之後，告訴他愛莫能助，要他回去找他的天主幫忙。因爲靈媒看見他體內的十字記號，可是他卻已近二十年沒有進堂望彌撒，早就忘了基督徒這回事，可說是隻迷途的羔羊，但他最終還是膽怯的走進教堂祈禱。

天主的安排很奇妙，在怯生生的進堂時，就有一位熱心的教友前來招呼，讓他倍感溫馨，彷彿有回到家的感覺，隨著接觸的時間一長，漸漸的，信仰眞正在他內心落地生根，成爲忠誠的天主子民，很樂於把「平安、喜樂」的訊息傳給四周的朋友。

從他尋回羊棧的路程來看，第一、可貴的是，証實了天主是仁慈的說法，祂不僅沒有放棄迷途多年的羔羊，反而張臂歡迎，因此結束他的流浪生涯，另外還賜予更多的恩寵；第二、可貴的是，基督的記號救了他，當初若沒有任何記號，可能還沈溺在迷信的深淵，或耽溺人生的歧途上而不自知。

什麼是基督的記號？在每一位即將成爲基督徒之前，教會會實行重要的「領洗」儀式，因而有了基督光榮的烙印；耶穌曾經親口說過：「我鄭重告訴你，人要不是從水和聖神重生，就不能成爲天

主國的子民。人的肉身是由父母生的，他的靈性是由聖神生的。不要因爲我說：『你必須重生』而驚奇。風隨意吹動，你聽見它的聲音，卻不知道它從那裡來，往那裡去。凡由聖神而生的，就是這樣。」藉由洗禮儀式，來取得神性的生命。

用水，是取其潔淨的意思。換言之，用一句「因父及子及聖神之名，給你授洗」的言詞，代表洗淨過去一切的罪愆，更進一步的賜予了神性生命，也就是「領洗」後，可稱爲重生或新生之意，人的本性生命固然未變，但從此受到基督的庇佑，使生命更趨豐富與圓滿。

領了洗，等於在內心種下基督的種子，但種子需要在基督的呵護下成長、茁壯，於是教會施行「堅振」聖事，通常由主教施行，在領堅振者頭上覆手，在額前敷上祝聖的油，是再一次洗禮的「補

充」儀式，讓受過洗的人，能夠特別領受聖神，使內心的基督生命更爲充實，以邁入「大樹」般的信徒生活，勇敢的追隨基督，能爲信德、眞理克服種種困難。

當時，保祿宗徒來到厄弗所，遇見了幾個門徒，向他們說：「你們信教的時候，領了聖神沒有？」他們回答說：「什麼是聖神，我們都沒有聽過。」保祿說：「那麼你們受的是什麼洗？」他們說：「是若翰的洗。」保祿說：「若翰授的是悔改的洗，他告訴百姓要信在他以後來的那一位，就是要信耶穌。」他們聽了，就因主耶穌之名領了洗。保祿給他們覆手，聖神便降在他們身上，他們就講各種不曾說過的語言，也說先知話；這些人一共約有十二人，而保祿覆手的舉動，就是今日所施行的「堅振」聖事。

至於領聖體，是領食耶穌基督的寶體與寶血，有與基督結成一

體的涵意，對基督徒而言，是件何等重要的大事；因爲「聖體」是神性生命的食糧，供應了神性生命所須的養分，等於邀請耶穌基督到內心駐守。一般是彌撒時，在神父念完聖體聖血經後領取，如未能進堂參與彌撒的病患，爲了神性生命的食糧不致斷炊，神父或執事有義務前往送聖體。

辦「告解」，是深自省察，是心靈的大掃除，是把污穢不潔的東西傾倒出去，維持心靈的光亮與暢通，是聖體前應做的聖事，更好說是恭迎基督的最好方式。

從「領洗」、「堅振」、「聖體」到「告解」四件聖事來看，是成爲基督徒的重要的四大環節，有密不可分的關係。每位成熟的基督徒，因「領洗」聖事而獲得了神性的生命，因「堅振」聖事而使神性生命成長，因「聖體」聖事而得到神性生命的滋養，但人性是軟弱的，過錯會一再的重犯，爲避免神性生命進入死亡或衰落，於是需要靠「告解」聖事，來求得天主的赦罪，那麼神性生命才有失而復得的機會。

其餘，有「聖秩」、「婚姻」、「敷油」等三種聖事，也是蒙天主所祝福的聖事。先說「聖秩」聖事，是基督特別挑選的一些人，格外賦予特殊的聖寵與神權，成爲終身的聖職人員，以便領導或服務天主子民，走耶穌基督的道路。

其次「婚姻」聖事，顧名思義是天主降福夫婦，是多了一層天

主的保障，並藉此聖事，成全了夫婦間的人性愛情，促進家庭的和樂，如同天主聖三一樣，達到一個聖化家庭的標準。耶穌曾對法利塞人說：「人要離開父親和母親，依附自己的妻子，兩人成爲一體，爲此，凡天主所結合的，人不可拆散。」所以教會不贊成離婚，或是離了婚的人，如合法成婚的伴侶還健在，就不能再婚。

最後「敷油」聖事，是爲的罹患重病基督徒，或臨終前所施行的聖事，藉此聖事耶穌進入病患的內心，有心靈上的安慰與保障，進而帶領他穿越死亡，抵達永生之地。

「生、老、病、死」是每個人必經的過程，如果一路沒有基督的陪伴，在起起伏伏當中，可能就會一蹶不起，或茫然不知所終的度一生。由此看來，基督徒是幸福的一群；其一，他們有清楚的人生目標，不會被生死的問題而困惑；其二，基督建立了最完整的七件聖事，也最完整的表現出天主的愛，與基督徒的一生，緊緊的相繫在一起。

擁有基督記號是光榮的事，但要做個名副其實的基督徒，千萬不要成爲一個假基督徒，反而會成爲衆人鄙視、辱罵的對象，如此，只是空有基督的記號而已。

觀內

觀內

——明供聖體

走在生命的道路上，聞思之外，還貴在自修，自修時更應貴在反躬自省，要不時修正自己的所思、所言、所行，要時時刻刻警醒自己，不能讓心魔有任何乘隙侵擾我們心靈的時機，因爲靈修猶如做學問一樣「逆水行舟，不進則退」。

可惜，人生的腳步太快，加上五光十色的環境誘惑，幾乎無能也無暇與自己相處，或者說害怕獨處的環境。在大環境裡，每個人

的臉上，難免會帶有許多的面具；要如何從「我」的面具，進入到自我、眞我，再深入認知到軟弱的我、一無是處的我，這些不光是說說而已，確實需要有勇氣面對，與智慧的判斷。古人說：「莫見乎隱，莫顯乎微，故君子愼其獨也。」而儒家就特別強調愼獨的重要，如東漢有位太守楊震，巡視地方時，縣令因受到舉薦，夜間特持獻金十斤到住處拜訪，豈知楊震大怒，縣令說：「夜裡送禮，不會有人知道。」楊震說：「天知地知你知我知，共有四知，怎能說沒有人知。」說完後，舉金擲還，縣令慚愧而出。其實，楊震只是做到不違基本的「良知」而已，可是翻開史書，有多少人能如楊震般的廉介，幾乎是屈指可數，雖然「良知」是行事的準繩，但蒙塵的「良知」，能在「有所爲與有所不爲」間，做出多少激賞的事呢？頗引人疑竇。

提倡頓悟的禪宗六祖慧能說：「菩提本無樹，明鏡亦非台；本來無一物，何處惹塵埃。」另一位提倡漸悟的神秀禪師說：「身是菩提樹，心如明鏡台；時時勤拂拭，勿使惹塵埃。」無論頓悟也好、漸悟也罷，總之，要努力保持澄明的心，智慧才能隨之而來。正如時下所流行的「坐禪」，就是從靜到淨的鍛鍊，能夠摒除一切雜念，來到無聲無息的世界，也是一種福氣。有一位友人，假日上山參加坐禪活動，坐禪時，人人噤口不語，在「觀心」的過程中，他發覺昨日種種之非，深感羞愧而涕泗縱橫一番後，似乎把內心陳年的垃圾，一舉流洩得無影無蹤，果然是如人所說的通體舒暢，下山時，彷彿是獲得了新生命般的輕鬆愉快。

一向以「愛」爲張本的教會，也自有講求「定、靜、安、慮、得」的方法。譬如：耶穌在揀選宗徒前，上山做整夜的祈禱，直到

天亮後，召集門徒到跟前，按天父的旨意，挑出十二個人，是日後教會稱爲的宗徒。從聖經中，可以讀到耶穌面臨重大抉擇，或即將發生重大事端前，總會尋覓一處寧靜之地，虔敬的向天父祈禱，藉以獲得大智慧；所以「祈禱」是基督徒獲得力量的最大泉源。

祈禱之意，是與天父交談，因此耶穌說：「你們禱告的時候，不要像假善人那樣，喜歡在會堂裡及十字路口站著禱告，故意讓別人看見。我實在告訴你們，他們已獲得應得的賞報，至於你，當你禱告的時候，要進入你的內室，關上門，向隱密中的天父禱告，你的父，在暗中看見，一定會獎賞你們。」此話說明祈禱重在心內，不在大街上，更不在喧鬧的人群中，必須要收拾起我們奔放的心，才能在內心看見天父，聆聽到天父的聲音。

教堂是天主的聖殿，當然是最好的祈禱場所。爲祈禱方便，有

些聖堂於固定時間內，在祭桌上擺置聖體，謂之「明供聖體」。

「明供聖體」是最自在的時刻，並沒有特別形式的禱告，只是純粹做默想，想耶穌的苦難，想天主的仁慈，想自己所揹負十字架的輕重；或是放空自己的腦袋，什麼也不去想，唯有靜靜的默觀，觀那藏於聖體內的耶穌基督形像，觀久之後，也會有千變萬化，看出一些端倪，不要覷視小小的麵餅，內裡蘊藏無邊無際的世界，願意細觀的人，有時候會看到復活的耶穌，有時候會看到苦難的耶穌，當然它只是一塊圓圓的麵餅，供人冥想冥觀而已，能不能看出什麼並不重要，主要是藉耶穌基督聖體的奧蹟，對內心做些啓示；或是合掌端跪、端坐著，把心事告訴天主，把自己的希望向天主說

明，只要全心信靠天主，把自己的困難獻給基督，無所不知的天主，會特別恩賜做事的勇氣與力量，使原本一個軟弱不知所從的人，此刻做起事來，一切會變得順利、簡單多了。

倘若在「明供聖體」的靜默過程中，竟然呼呼的睡著了，那也是常有的事。在天主的懷中酣睡，會睡得特別香甜。另外，有些人藉此閱讀著聖經，也是不錯的讀經環境，是會有更澄明的領悟；聖保祿宗徒在致哥羅森人書中說：「就不斷爲你們祈禱，懇求天主使你們對祂的旨意有充分的認識，充滿各種天上的智慧和見識，使你們的生活相稱於主，事事叫祂喜悅在一切善功上結出果實。」無疑的，經書就是智慧的結晶，而讀經也是一種祈禱的方式，當然，信仰不在於有多少的學問，而是要去一一實踐它，那麼才能結出「愛」的果實。

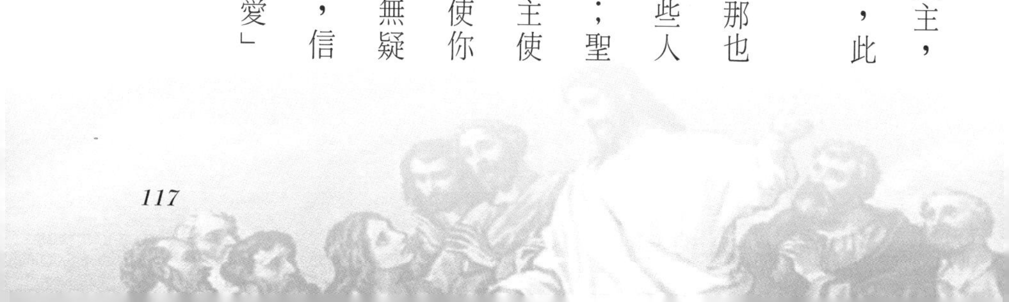

佛教的「坐禪」，與天主教的「明供聖體」，同樣是在寧靜的環境下進行，但是仍有區分：佛教徒要不斷勤拭心鏡，才能逐漸修練得「明心見性」的程度；基督徒要不斷靠天主的聖言生活，才能逐漸做到「愛人如己」的地步。或許是靈修上的殊途同歸吧！有首古詩說得很貼切：見山不是山，見水何曾別？山河與大地，都是一輪月。

就基督徒的角度看來，耶穌基督是取用不盡的寶藏；悲哀時，祂會給人撫慰，力乏時，祂會給人力量，親近祂時，祂會給人平安與喜悅；一切的好處，只要求，祂就會給。

總之，爲了多愛自己一些，應該每天撥點少許的時間，讓自己的心閒散一下，那怕只有十分鐘的時間，什麼事也不做的端坐在「明供聖體」前，或空無一物的教堂內，相信會有一些很好的感受。

心靈存款簿

心靈存款簿

——永生的資本

每個人有兩本存款簿，一本是用來累積金錢，屬於人世間的財富；另一本是用來累積德行，屬於天國的財富。多數人只顧到金錢的存款簿，而忽略德行的增損，這般顧此失彼的價值觀，似乎有得不償失之嫌，觀念有待釐清。

聽過「此地無銀三百兩」的故事吧！這不是笑話，在現實社會的確一再上演，錢多了，是一種負擔，除了怕偷、怕搶、怕天災、

怕戰亂的發生之外，甚至還會成爲德行的累贅，就好比輜重之於行軍一樣，在大軍開跋時，既不可能捨棄，但攜帶著又會牽制前進的速度，不僅如此，有時更因輜重的顧慮，反而喪失了獲勝的機會。

耶穌有過類似告誡的話：「你們不要在地上爲自己積蓄財寶，因爲在地上有蟲蛀，有鏽蝕，在地上也有賊挖洞偷竊；但該在天上爲自己積蓄財寶，因爲在那裡沒有蟲蛀，沒有鏽蝕，那裡也沒有賊挖洞偷竊。因爲你的財寶在那裡，你們的心也必在那裡。」此話，不是說金錢不重要，而是應該抱持「夠用，就好」的原則，因爲金銀財寶多了，並沒有什麼太大的用處，不過是博得富翁的名聲而已。

可惜，很少人能想通這一層道理，如：屯積居奇、剋扣剝削的無所不用其極，但是悲劇處處發生，就在數年間，許多人快速的樓起樓塌，眞是滄海桑田不勝唏噓，不禁要問：何以人世間變化速度

之快，竟會使人目不暇給。顯然人世間的財富靠不住，不能恆常不變；充其量，富者只是掌有對金錢的使用權，而非永久的佔有權，既是如此，何需做那些損耗德行的事，去成就一個沒有太大意義的目的。

但是另外一本的存款簿，恰恰相反；它記載的是各人一生的德行，好人有此帳本，壞人有此帳本，富人有此帳本，窮人有此帳本，每一筆記得清清楚楚，不用擔心無故遺失，更沒有被偷被盜的問題；一直走到生命的盡頭時，就是驗收存款簿的時候，此時，富者與貧者即刻判定。

兩本存款簿相比較下，不難看出富與貧的價值何在；人世間的富不是眞富，同樣的，人世間的貧不是眞貧，如果有錢的人不仁，反而更危險，俗話說：「天理昭彰，報應不爽」報應並不在輪迴的

來生，而是在身後的永生，所以不要只看眼前，以致忽略了長遠的未來。

耶穌對法利塞人說過一個故事：有一個富翁衣服華麗，每天過著極爲奢侈的生活。另外有一個乞丐，名叫拉匝祿，滿身長了瘡，躺在富翁家門口，指望用富翁桌子上掉下的碎屑充饑，但是只有狗來舐他的瘡。後來，那乞丐死了，天使把他送到亞巴郎的懷抱裡。後來，那個富翁也死了，被人埋葬了。富翁來到陰間受痛苦，舉目一望，遠遠看見亞巴郎和他懷抱中的拉匝祿，便喊說：「祖宗亞巴郎，可憐我吧！請打發拉匝祿，用他的指頭蘸點水，來涼潤我的舌頭吧！因爲我在這火燄中非常痛苦。」亞巴郎說：「你該記得你活著的時候，享盡了福，而拉匝祿卻受盡了苦。除此之外，在我們與你們之間，隔著一個巨大的深淵，因此，人願意從這邊到你們那邊

去是不可能的，從那邊到我們這邊來也不可能。」那人說：「祖宗啊！那麼就請你打發拉匝祿到我家裡去，警告我的五個兄弟，以免他們將來也到這受苦的地方。」亞巴郎說：「他們有梅瑟和先知，聽從他們好了。」他說：「不，祖宗亞巴郎！倘若有人從死人中復活，到他們那裡去，他們一定肯悔改。」亞巴郎對他說：「如果他們不聽從梅瑟和先知，縱然有人從死人中復活了，他們也不會信服」。這則故事清楚的說明：那位身前已被金錢、物質矇蔽的富翁，死後得到了等同的痛苦報應；其次，雖然死去的富翁，想出來警告活著的兄弟，但是力不從心無法規誡；第三，身前拉匝祿，即使過著乞丐的生活，只要行事端正，死後仍會得到應有的償報。

中國大陸天主教遭受長期的迫害，有些人帶著羸弱的身體，禁不起再三的折騰而死，有些人被判無期徒刑，有些人被判三十年徒

刑，有些人被判一、二十年徒刑，但他們甘之如飴，信仰絲毫沒有減損，這些人在獄裡沒有一點躁鬱，依然恬靜自適的坐監，那是天主給了他們力量，即使在牢獄的一方之地，仍覺得快樂自在，其中的美妙處，遠遠超過他人的想像。

再看，教會隱修院的修道之人，是發過宏願要終生侍奉天主，他們從年輕時進入隱修院，每天過著嚴謹的祈禱生活，完全與外界隔絕，這些人除非走到生命終點，是不能離開修院一步，可想而知，他們心靈必是滿溢著聖寵，才能達到超脫世俗的境地。

有時習俗也常會發生超越在金錢之上的現象；據說：印度人能很安靜的躺在木排上，把自己葬身火堆做犧牲，而且他們的妻子，又能以殉夫爲激勵；古代斯巴達的年輕人，常常願意站在狩獵女神戴安娜的神壇上，接受鞭笞卻毫不畏懼；俄羅斯的僧人，在苦行懺

悔時，必須坐在水缸中浸泡一整夜，讓全身凍結在冰裡。

耶穌說：「沒有人能夠侍候兩個主人。他要不是厭惡這個，喜歡那個，就是重視這個，輕看那個。你們不可能同時作天主的僕人，又作金錢奴隸。」換言之，在金錢與天主之間，只能選擇一項。選擇愛天主的人，一定是清心寡慾、知足常樂；選擇愛金錢的人，甘願做「名利」奴隸的人，一定是利慾薰心、瞻前顧後，這些人當然會損及心靈的潔淨，所以「有錢的人要成爲天主國的子民，比駱駝穿過針孔還要難！」其道理也就不難理解了。

「儲蓄是美德」是句耳熟能詳的話，爲了「永生」之故，應該當下努力行善、祈禱，多多累積心靈的那本存款簿，盡心盡力做天主的好子女，那麼就有資格享永生之福。

光和鹽的精神

光和鹽的精神

——讓愛永不止息

唐朝李白有一首〈把酒問月〉的詩，是對人生的有限，與明月的無窮而感嘆，其文如下「青天有月來幾時？我今停杯一問之。人攀明月不可得，月行卻與人相隨。皎如飛鏡臨丹闕，綠煙滅盡清暉發；但見宵從海上來，寧知曉向雲間沒。白兔擣藥秋復春，嫦娥孤棲與誰鄰？今人不見古時月，今月曾經照古人。古人今人若流水，共看明月皆如此；唯願當歌對酒時，月光長照金樽裡。」再讀後，

內心更深度泛起人生短暫與渺小的感嘆。

無情的時代巨輪，輾過多少的英雄故事；在古往今來的滄海裡，流逝多少的人與事。有誰知道給張良兵書的黃石老人是誰？有誰知道給韓信飯吃的漂母是誰？但沒有黃石老人，沒有漂母，就不會有張良、韓信，也就無法幫助劉邦打下漢室江山。即使大有名氣的張良、韓信，或是漢高祖劉邦，而今又安在哉！不過是一坏黃土，或徒留個墓碑，供後人憑弔罷了。

讀史，是爲了解時代洪流的走向；寫史，是爲了向後代子孫交待。的確，每個人都在寫自己的歷史；燦爛奪目的寫法，固然使人激賞，但平淡無奇的筆調，又何嘗不使人動容！就好像一簇簇美麗的花叢，若是缺少一片片綠葉的妝襯，將是何等的了無生趣。

耶穌爲了期許基督子民默默的行善，有更深動的一段啟示；耶

穌說：「你們是全人類的鹽。鹽若失掉了鹹味，就無法使它再鹹。它已成爲廢物，只好丟掉，任人踐踏。

你們是世界的光。一座建造在山上的城，是無法遮蓋起來的。沒有人點亮了燈，去放在斗底下，一定是放在燈台上，好照亮全家的人。同樣的，你們的光也該照在人的面前，讓他們看見你們的好行爲，來頌讚你們在天上的父親。」什麼是鹽？什麼是光？它們的重要性在那裡？爲什麼要期勉基督徒做世界的鹽和光？其意涵是值得去探討。

鹽，會使食物變得更精美，能提高人類生活的品質，如果生活

裡缺少了鹽，物質容易腐敗，人體容易虛脫。光，能照亮黑暗，能使目標明確，如果生命裡缺少了光，將會是一個沒有未來、沒有希望的人生。

論語有言：「君子之德風，小人之德草，草上之風必偃。」換言之，基督徒應該如風行草偃一樣，發揮聖賢君子的德化功能，去感化芸芸衆生，做人類社會的榜樣；其次，基督徒應該不計較名利的去奉獻，有如鹽與光一樣，化身於無形，世界卻因它而有了味道與顏色，不是有句話說「左手做的善事，不要讓右手知道」嗎？必須秉持耶穌基督的全犧牲、全奉獻精神，才能毋忝爲基督的信徒。

事實上，耶穌的三十三年人世生活，就是最佳鹽與光的模範，無怪乎！天父會從雲端發出聲音說：他是我的愛子，你們要聽從他。

在此，大膽的做兩種假設，第一，倘若耶穌不降生爲人，教會怎能

在人世間穩若磐石般的建立？又怎能重新建立起天人間的橋樑？第二，倘若耶穌降生於權貴之家，或是成爲世上的君王，享盡世界的榮華富貴，那麼天主「救贖」的工程，就會大打折扣，也就失去「天主是愛」的意義。

從耶穌誕生在馬槽中，就注定一生的貧窮、苦難；接著，黑落德王看到星辰異象，認爲有個新生的嬰兒，將會成爲猶太人的君王，因爲害怕未來王位不保，於是派人察訪追殺，還殘忍的下令屠殺全城兩歲，及兩歲以下的嬰兒，此刻，若瑟早已從天使報訊中得知，因而帶著妻子瑪利亞與襁褓中的嬰孩耶穌，由白冷城一路逃往納匝肋城居住。

當耶穌爲衆人講道時，也是離開家鄉，在外地過著東飄西盪的日子；最後，還被自己親近的門徒猶達斯出賣，不過是爲了三十塊

銀錢而已，甚至大門徒伯多祿，因害怕被連累，有三次撇清與耶穌的關係；其實，種種人世的苦難，耶穌早就預知，但仍甘願爲世人受苦。

耶穌被押送到總督比拉多那裡，在審判時，他們查不出任何罪行，就給他按上「這是耶穌，猶太人的君王」的罪狀牌，頭上還帶著荊棘做的冠冕，背負沈重的十字架，一步步走上哥耳哥達，殘酷的被釘在十字架，死前，還爲那些抓他的人，祈求天父寬恕他們；死後，甚至沒有自己的墓穴，只是臨時安置在別人的新墳，他是眞正「上無一片瓦、下無一寸土」的窮困之人。

看看耶穌的一生，沒有任何的享受，沒有任何的自我誇耀，只是按著天父的指示，逐一完成在人世間的任務；再看看自己，無論命運如何的坎坷，尚不及耶穌的百分之一，如此相較之下，所有的

貧窮與苦難都不算什麼了。若以世俗人的眼光來看：耶穌基督的精神，是一種積極入世的精神，他鼓勵了世人勇於做鹽、做光，那是對社會具有正面的功用。

有一首聖歌《愛的眞諦》，雖沒有直接提到犧牲自己，去做世界的鹽與光，但詞曲很有意思，在此，特別寫出——愛是恆久忍耐又有恩慈，愛是不嫉妒；愛是不自誇不張狂，不做害羞的事；不求自己的益處，不輕易發怒，不計算人家的惡，不喜歡不義，只喜歡眞理；凡事包容，凡事相信，凡事盼望，凡事忍耐，凡事要忍耐，愛是永不止息。——其實，此曲已唱出鹽與光的眞精神。

套用最近社會常用的俗語：「成功不必在我」，就讓基督的眞光，淡淡的在世界各角落傳揚吧！那種愛的溫暖，才會達到「永不止息」的境界。

玫瑰花雨

玫瑰花雨

——愛的救贖工程

從小就擁有自己的玫瑰唸珠，那時候還不懂得使用，只覺得掛在胸前很神氣；長串的唸珠，綴上聖母瑪利亞像，與十字架的耶穌苦像，眞是美極了。那一段時間，簡直到了愛不釋手的地步，無論到那裡總是帶著它，年長後，才知道玫瑰唸珠是唸經用的，總計有五十九顆唸珠，要唸的經包括信經、天主經、聖母經、聖三光榮頌、又聖母經等統稱爲玫瑰經，是敬獻給聖母，請她爲我們向天主轉求。

如衆周知「玫瑰」，是代表至高的愛情，而耶穌基督來到世間三十三年之久，就是爲了完成「愛」的救贖工程，記載在聖經的新約部分，耶穌教導世人，學習如何愛我們自己，同時要學習愛我們的近人，以及學習愛我們最小的兄弟，也就是要懂得去愛貧窮病苦的人，對於耶穌的博愛心，從許多章節可以得知他如何的偉大，遠遠超過人世間的愛，値得終生追隨，即使能活得肖似基督的百分之一，亦得其所哉！而勤唸玫瑰經祈禱，是最便捷的方式。

一八五八年聖母曾在法國露德鎮顯靈十八次，她告訴伯爾納德聖女說：「妳要爲罪人祈禱！」並藉伯爾納德的口宣告：「我是始胎無原罪者。」要求世人多做補贖，不斷的做補贖。另一次，是在一九一七年，聖母於葡萄牙顯靈六次，她吩咐三位牧童說：「你們要祈禱、祈禱，多多爲罪人做補贖；許多人下地獄，就因爲沒有人

爲他們祈禱、做補贖。」還對路濟亞說：「我是玫瑰經之后，請民衆天天唸玫瑰經。」「人該改善自己，祈求天主赦罪。」當然，聖母瑪利亞至今仍不斷的在各處顯聖跡，也是不厭其煩的告知世人「多唸玫瑰經，多做補贖」。

的確，祈禱是與天主溝通的良好方式，也有很大的效用。尤其耶穌基督是天主又是人，祂懂得人的心理；在天上聽見祂的子民呼求、叫屈，儘管不高興，不願理會，但爲避免了囉嗦，只好應允人的祈求。因爲孩子向父親或母親要東西，一次沒要到，二次沒要到，孩子仍纏著父母親，繼續的要東西，在合理的範圍下，父母親也只好給了。人向天主祈求，也應該有恆心的祈禱，再加上誠心誠意，表示出有迫切的需要，就比較容易獲得天主的俯允。

聖經裡常見耶穌向天父祈禱的場景，無論是行聖跡，或內心憂悶之際，甚至在最後的晚餐面臨即將逮捕，以及受刑於十字架上時，耶穌還是做祈禱，而且做了世人祈禱的最好表率，禱詞中，呈顯他全心信賴天父，至於天父答不答應，全憑天父的旨意，猶如剛學步的稚子，全心信賴父母親的牽領，即使身處危險之地，只要有父母親在的地方，也會歡樂的從高處縱身跳進父母懷抱。

耶穌在世時，教導世人如何的禱告，他說「不要像異教徒一樣，用許多重複而且沒有意義的話。他們以爲只要長篇大論，便可獲得垂允，其實那是不對的，因爲在你們祈求前，天父早已知道你們需要的是什麼，所以你們應當這樣祈禱：『我們在天上的父親，願人都尊崇你的聖

名，願你的國來臨，願你的旨意承行於地，如同在天上一樣。賜給我們日用的食糧，寬恕我們的罪過，如同我們寬恕得罪我們的人。不要讓我們陷於誘惑，但救我們免於凶惡』。」這是一篇平實的禱文，也是基督徒所頌唸的天主經，從中看出天主與人的關係，是建立在父子的關係，存在著愛的關係；所以身爲基督徒是最幸福的，因爲他們懂得信賴天主可得永生的道理。

有人說：「行住坐臥皆是禪。」禪是什麼？從字面來看，左邊爲「示」，右邊爲「單」，表示了「簡單」的意思，如果再具體引伸，何謂簡單？就是「行住坐臥皆有主耶穌基督」，何況耶穌說過：「我就是道路、眞理、生命；除非經過我，誰也不能到父那裡去。你們若認識我，也就必然認識我父。」其意涵已十分彰明了；在人生際遇中，難免有起有伏，對於好的事情，固然要虔敬的祈禱感謝

天主，遇到不好的事，也應該祈禱感謝天主，幫助你成長，並把痛苦奉獻給天主。

另外，多唸玫瑰經，不單是祈禱而已，它還有默觀的作用，因爲它是全部福音的大綱，從聖母童貞懷孕及童年期的奧蹟，直到耶穌神聖的受難及光榮復活，最後聖母結束塵世生活，她的靈魂肉身被舉升天。由此不難看到耶穌基督救恩的奧蹟，以及聖母與其聖子耶穌，如何給世人立下最好的榜樣。

十五端的玫瑰經，就其內容可區分爲白色的歡喜玫瑰、紅色的痛苦玫瑰、金色的榮福玫瑰。歡喜奧蹟有：天使向瑪利亞報喜訊、瑪利亞訪親見表姊依撒伯爾、耶穌誕生於白冷城馬槽內、耶穌被獻於聖殿、耶穌十二歲講經論道；痛苦奧蹟有：山園內耶穌獨自祈禱、審判中耶穌受鞭打、耶穌受侮辱戲弄、耶穌背十字架上山、耶穌被

釘在十字架上死；榮福奧蹟有：耶穌自死中復活、耶穌升天、聖神降臨、聖母瑪利亞榮召升天、聖母瑪利亞榮受加冕。雖然是十五端的奧蹟，足已貫穿整部新約聖經，浩大的救世工程，很值得耐人尋味，在默觀之中，焉能不受感動！

有一位信仰堅定的柴維瀛老先生，年已八十六歲，從四十歲入教領洗以來，信仰未曾動搖，如今身體老化了，有許多的病痛，耳朵極重聽，眼睛又看不清楚，但信仰生活依然不變，始終堅持過最刻苦的日子，不在意吃好、穿好、睡好，只是一意的唸經祈禱，每天固定要唸三十串玫瑰經，從清晨三點半就捻著玫瑰唸珠唸經，直到夜晚就寢，萬一有事耽誤，只有減少睡眠時間，總要補足當日該做的「功課」；有一次，他在祈禱的異像中，聖母告訴他：已收到九百萬朵玫瑰。該是多麼偉大的成就啊！一串玫瑰經，要唸五十三

遍聖母經；那麼九百萬朵玫瑰，就有十六萬多串玫瑰，換言之，柴維瀛老先生獻給聖母的玫瑰已多得像滿坑滿谷。

誠如二十四歲因病去世的聖女小德蘭，臨終前許下宏願：「我覺得我那救人的專職，就要開始；要引人愛天主，如同我愛了天主那樣。我願度生於天，以造福於地；我要叫玫瑰下降猶如下雨一般。的確，直到世界末日，我一點也不能休息；等天神說：『時候不再延長了。』我才休息；因爲那時被選的數目滿了。」希望就讓玫瑰花雨滋潤大地吧！世人若眞能攜手營造玫瑰花的世界，那麼人與人間就沒有仇恨，國與國間就沒有戰爭，而目之所視、足之所及，皆爲基督的「愛」了。

聖神同禱

聖神同禱

——爲心靈找個避風港

蜜蜂這種東西，是群居的小動物，就牠本身來說，不失爲聰明的生存方式，牠們有嚴密的分工合作制度，無論築巢、作戰、採食，總是群蜂行動，使敵人心生畏懼，避之猶恐不及，因而獲取了無窮的福利。

其實，人類何嘗不是群居的「小」動物，既無法單獨力搏虎象獅豹的大型動物，甚至在許多時候面對困厄環境，又會終日惶惶的

聖神同禱

大亂方寸，可見人類的力量與意志，是很微弱的，不時需要向外尋求支援的力量。

小學都讀過「團結力量大」的故事，大意是：有位老員外臨終前，把兒子們叫到床邊，一人給了一根筷子，每人很輕易就折斷了筷子，再給一雙筷子，也是不費力的折斷，最後給他們一把捆在一起的筷子，此刻，他們如何使盡氣力，這把筷子就是無損分毫。的確，世事無不講究團隊精神，懂得運用團隊的人，將會坐收事半功倍之效。

從信仰的角度來看，祈禱亦復如此，耶穌說：「我實在告訴你們：若你們中二人，在地上同心合意，無論爲什麼事祈禱，我在天之父，必要給他們成就，因爲那裡有兩個或三個人，因我的名字聚在一起，我就在他們中間。」所以彌撒就是最好的同禱形式。

當然，教會還有一些信仰團體，對信仰的成長會有幫助，畢竟一個人走信仰的路，很難維持長久不輟，若能結伴而行，就能有相互勉勵、支持的好處，如果跌倒了有人扶一把，內心頹喪時有人會打氣，那麼走起信仰的路來，就會輕快順暢多了，何況眾人祈禱，還有加乘的力量。

譬如在〈信經〉有一句「我信聖神。我信有聖而公教會，諸聖相通功。」是說，在基督的大家庭裡，包括活在現世的基督徒，以及在天國與煉獄的信徒們，也會因一聲祈禱，而會相互轉禱與代禱，或說，是一種心靈上的「感應」互動，所以教會鼓勵基督徒們多多

祈禱，不僅是爲自己、爲他人，也爲已逝去的人，祈求天主的幫助，得享更大的平安，這就是〈信經〉裡，諸聖相通的美滿境界。

教會有一種「聖神同禱」的信仰團體，在他們因著耶穌基督的名，帶動熱烈的祈禱時，常見祈禱人原本求治的心理或生理，在瞬間被治癒，此舉，正應合耶穌說的，「你們祈求，必會給你們；你們尋找，必會找到；你們敲門，必會給你們開門。因爲凡是祈求的，就必得到；尋找的，就必找到；敲門的，門就開。或者，你們當中有那個人，兒子要餅，反而拿石頭給他呢？或者要魚，反而給他蛇呢？你們縱然不善，尚且知道把好的東西給你們的兒女，何況你們在天上的父親，豈不更要把好東西，賜給向他祈求的人嗎？你們要別人怎樣對待你們，就得怎樣待別人，這就是梅瑟法律和先知教訓的眞義。」

前面一段，說明天主不會輕視每個人祈禱，所以應該虔心相信天主是愛我們的；後面一段，說明人世間的事，是按著事情的緣由而形成；天主尊重這些形成的關係，未必事事顯靈予以改變，但也要反問，我們因事故祈求天主幫助，是不是臨時抱天主的腿呢？平日有沒有常想起天主呢？

有些人爲了親友的亡故，內心引起極大的憂鬱與傷痛下，而對天主不再信靠，如此捨棄了一處良好的避風港，從此漂盪於多誘惑的塵世，實在是一種莫大的損失與危險，也是短視的想法，甚至成了所謂的「迷途羔羊」，萬一找不回羊棧，在深層的內心，是會更孤寂無助。其實，祈禱至少能獲得心靈的平靜，與胸襟的開朗，即使沒有如願的挽回頹勢，等於也獲得相當的償報。再說「謀事在人，成事在天」；祈禱，算是盡了最大的人事，至於結果如何，最好就

聽憑天主的安排吧！

有人說：「衡量一個基督徒靈性生命的成熟度方法，不是從他禱告的次數多寡，也不是他行事爲人的見証；這些都很重要，但更有意義的衡量標準，卻是他每日感恩的次數。」所以正確的祈禱，應是懷著一顆虔敬感恩的心，置身於天主台前，就讓洞察人心的天主，帶領我們一步步的成長。

人間的天使

人間的天使

——中國大陸教難史新篇章

還記得曾經獲得諾貝爾和平獎的德蕾莎姆姆吧！就是那位活的時候像貧窮的乞丐，死的時候卻像高貴的皇后，而世人又稱她是「來自天堂使者」的姆姆。

德蕾莎早年爲從事濟貧工作，不懼艱難的向中共申請入境大陸，並特別註明決不從事傳教活動，依然被拒絕於門外，中共的理由是：不傳教的人，比傳教的人力量更大，因爲德蕾莎比任何人還像耶穌基督。

一九九六年，已經八十六歲高齡的她，因心臟病住進了醫院，險些失去生命，大病初癒後，一邊繼續參予救助貧人的工作，一邊還不忘記窮苦的中國大陸同胞，仍計劃著進入中國大陸的事，不料第二年，在她八十七歲那年就過世了，在她離開前一週，已經預知死期不遠，臨死前說了兩句話，一句是「我愛耶穌」，另一句是「耶穌需要我去祂身邊」。

從中共拒絕德蕾莎姆姆入境的事看來，不難知道主張無神論的中共非常排斥宗教，但爲了製造宗教自由的假象，成立所謂的「官方教會」，換言之，神職人員是由政府指派，而傳統的羅馬大公教會被禁止後，隱轉爲「非官方教會」，稱之「忠貞教會」，當然是受盡了中共的荼毒迫害，其罪行罄竹難書，官員們還相互自鳴得意

的說：「這下天主教被打倒了，再過幾十年，在中國的天主教就會自動消滅了。」事實不然，半個世紀過去了，接受羅馬教廷的「忠貞教會」，經過父子親友相傳下，不僅沒有被滅絕，反而日益蓬勃發展，教友更多至一千萬人。

說到中國大陸的教難史，眞是有訴說不盡的殉道故事。誠如被中共判處無期徒刑的龔品梅樞機主教說：「白刃可蹈，趨火不辭」此八字，道盡半世紀以來，遭受迫害的神長與教友們堅貞信仰。

話說從頭，自中共奪取政權後，就開始整肅各宗教，尤其一九五五年九月八日，開始在上海進行大肆濫捕並批鬥天主教，短短的四個月時間，至少有一百位神父，二十多位修女，五、六十位修生，三、四千位教友被捕，送到邊疆勞改或下監獄，他們不斷遭受威逼利誘，但信仰不曾動搖；當然，破壞教會是無日無之的進行，中共

陸續一批又一批的逮捕，所以輾轉傳出許多可歌可泣的故事。

有一位神父，就是在一九五五年文化大革命的時候，被送到安徽省軍天湖農場，是一處令人聞之戰慄的勞改營，生活條件奇差無比，管理又奇嚴苛無比。

再說，那間關神父的牢房裡，就擠滿了四十八個人，除了幾個政治犯外，其餘的無不是作姦犯科之人，有小偷強盜、殺人放火或強姦犯等等的各路綠林好漢齊聚一室，成分之複雜可想而知，然而如此一個瘦弱的神父，不懂武功，又不會打架，卻是牢房內最有威信的人，同牢房的人說：每次發生激烈衝突，或有人痛苦不堪時，只要神父出現在身邊，只要神父輕輕握著對方的手，只要神父將右手輕放在對方頭上，痛苦就會減輕，暴戾之氣就會消失，剛剛的呼天搶地，也很快的平靜下來，然後再細聲的開導對方。

平時神父很少講話，只是閉著眼睛，低頭靜靜的靠牆坐在一角落，不聽、不看、不笑，即使放工回牢，大夥兒累翻了，急得躺在舖上休息，他仍是靜靜坐著祈禱，夜晚，有人醒來，見他還坐著不動，於是問他：「不累嗎？還不早點睡。」他小聲回答：「這就是最好的休息，祂會給我力量。」那人問：「祂是誰啊？」神父抬起頭，朝上望了望，不再回話，當然，那人也朝上望了望，看到的只有屋頂外，什麼東西也沒看到。

勞改營，最難忍的不是做苦工，不是被笞打，而是飢餓；每天不停的勞動，但天天吃不飽，神父卻總把自己的雜糧，撥出三分之二給同牢的人吃，自己只吃剩下的三分之一，他老是說：「我胃口小，你們年紀輕，要多吃點。」大家也就不以爲意，輪流分享他的雜糧，直到有一天，同牢房的人，在草叢發現神父正咀嚼著野草，

剎那時，神父彷彿是做錯事的孩子，慌張的丟掉手中的野草，此時，那人已經淚流滿面，緊抓著神父的手，不知該說什麼好，只是久久握著不放。

長期的飢餓下，神父過世了；在他病重時，大家親眼看到他的排泄物全是草，一無所有的神父，死時，卻十分的榮耀，同牢房的獄友，紛紛拿出最好、最新，最捨不得用的東西，全給他穿戴上去，有新帽子、新衣褲、新鞋襪，還有一條白圍巾，原本是衣衫襤褸不堪，一下子變得整整齊齊，裝扮得煥然一新，猶如是赴一場盛宴，最後還掛上玫瑰唸珠，那是他生前用麻繩打滿結的唸珠，每十顆結，另有一顆單獨的大結，共有五十九顆結，串成的唸珠。

埋葬時，大家忍著心中傷痛，沒有人推拖工作，反而搶著要為神父挖土坑，為避免被野狗扒土啃噬，特別挖一個有兩人深的坑，

讓他能安然的躺進去，不受野狗的干擾。最值得一提是，那些三教九流、綠林好漢的同牢獄友，受到神父身教、言教的影響，紛紛領受聖洗，成爲在基督內相親相愛的教友；奇怪的是，領洗之後，那些粗暴的人再也不打架，再也不罵粗話，還變得與神父一樣的有愛心，喜歡幫助他人、扶持他人。

神父的軀體固然死了，但他所散發的基督精神不死，不僅照亮了陰暗的勞改營，還藉著每位獄友的口，如水之漣漪的向外擴散，讓更多人認識天主教的眞基督。聖保祿宗徒說：「爲我，生是基督，死是福。」這類感人肺腑的故事俯拾皆是，他們爲基督，不惜拋頭顱、灑熱血，足堪成爲舉世所有基督徒的表率。

一九五〇年代，教會教難初期流傳一句話「致命的血是教友的種子」；的確，種子必須死於土裡，才有結出百倍果實的機會，如

今見証此言果眞不虛，半個世紀不斷有種子埋進土裡，然後萌芽、茁壯；天主教的一場浩劫，卻隱約見到教會欣欣向榮的生機，說明了天主如何的憐憫與照顧，決不是中共的共產政權所能斬斷。

有尊嚴的愛

有尊嚴的愛

——服侍最小的兄弟

曾任靜宜大學與暨南大學校長的李家同教授，是一位渾身充滿人文關懷的學者，不僅文章寫來動人，演說也講得精彩。有一次演說，提到在美國求學所發生的事；時隔三、四十年，李家同還能清楚的敘述，可見他對此事印象深刻之一斑。

現在就我記憶所及，把那場心靈饗宴的演說，做一次轉述。那年，李家同大學畢業後，進入美國普林斯頓大學讀書，在人生地不

有尊嚴的愛

熟的情形下，第一年的聖誕節，是在親戚家度過；那時，他乘坐長程的灰狗巴士前往，車程需要十二個鐘頭，一路是前不著村、後不著店，到了晚餐時分，司機按慣例，停在一家平價的餐館前面，乘客魚貫進入用餐，由於那晚是聖誕節的前夕，餐館擺出的是火雞大餐，正當每位乘客大塊朶頤的享用時，有位老太太緩緩的由計程車步出，從外表看不出太太的高貴，但是餐館的大老闆，西裝畢挺的趕出門迎接，就像是對待貴客一般，扶持到餐桌前坐下，服務生立刻擺起餐具，並單獨爲她端出菜來。

服務生在忙碌之際，特別爲老太太盛菜，老太太的手似乎不聽使喚，所以服務生還要一點一點的餵食，坐在旁邊的一名黑人，也是普林斯頓的學生，見到如此的情形，主動的上前幫忙。那名黑人學生很細心，爲方便老太太入口咀嚼，一一把食物切碎後，再餵一

口、自己吃一口，再餵一口、自己吃一口，很有耐心的進行著，還不時用餐巾紙，爲老太太擦拭嘴巴，就像服侍自己的親人一樣；其實，老太太吃得不多，只能淺嘗即止，黑人學生卻不嫌煩的打上每一道菜，切碎每一道菜，餵食每一道菜，吃不完的菜，黑人學生還幫忙吃，把一盤盤的菜，吃得乾乾淨淨，一點也不浪費。

這頓聖誕大餐，老太太吃得滿意極了，過了沒多久，那輛計程車開到餐館門口，司機走到老太太旁，爲她穿上大衣，老太太從口袋掏出十分錢，然後說：「不用找了！」當年，這樣的大餐，至少要美金三元，但是老闆恭恭敬敬的收下，連聲說：「謝謝」還與服

務生們站在門口恭送，眼看計程車走遠爲止。後來老闆與客人閒聊時，才知道老闆與老太太素不相識，不知她是什麼身分，更不知她是從那裡來，只是每年的聖誕前夕，這輛計程車會按時送來，按時的接回，好幾年來，一向如此的做，最妙的是計程車司機，與老太太也是非親非故。似乎事情的一切，默許中配合好好的。

聖誕節是美國的新年，仍然營業的店家，通常是信奉猶太教的人士，那是他們不過聖誕節的緣故，所以照常營業的店家不多；難得是那位餐館的老闆，不僅沒有趁勢漲價，對老太太的服務態度，是一樣的熱忱，顯然老太太已不知道今夕何夕，以爲一頓大餐才十分錢；其實，既然是做善事，大可不收老太太的飯錢，但老闆爲了維護她的尊嚴，不去揭穿它，只是任由老太太付那不足的飯錢，使老太太沒有被施捨的感覺，還能夠很神氣的走出餐館。

另外是那位計程車司機，當初不知如何與老太太結緣，但能年復一年的接送，的確是件不容易的事；還有那位黑人學生的熱心協助，一樣是讓人敬佩。

老闆、司機、學生、老太太是互不相關的個體，卻因愛的觸媒，而衍生出溫馨感人的故事；這些不須要任何大道理，只要願意去做，那麼「愛」就在其中矣！

耶穌說：「你們爲這些最小兄弟所做的，就是爲我做的。」所謂「最小兄弟」，就是指最需要幫助的貧困之人；如德蕾莎姆姆就是最好的例子，她生前行走於印度加爾各答的貧民窟，救助了無數貧病的人，力行了「人溺己溺，人飢己飢」的仁愛精神。她侍奉最窮苦的人，有如侍奉耶穌基督一般的高貴；她給每一個垂死的貧人，應有的尊嚴與溫暖。她創辦了「垂死之家」，專門收容一些被老鼠

咬掉臂膀的孩子，以及傷口生蛆躺在路邊等死的窮人，抱回去，爲他們清洗乾淨；她常說：「對一位貧窮即將垂死的人，我們沒辦法給他們什麼，只要緊握他們的雙手，敞開雙臂懷抱著他們的身體，讓他們感受到世間溫暖，讓他們尊嚴的走。」德蕾莎姆姆就是如此陪伴每一位垂死的人，一直到最後一秒鐘。

「愛」的給予，不是高高在上的施捨，而是要謙卑的去侍奉需要的人，沒有任何名位尊卑的念頭，如此才能付出滿全的「愛」，就如耶穌取得人的形體，卻貶抑自己，聽命至死，死在十字架上，這就是「愛」的最好示範。

跋

跋

在寫本書之先，雖然已答應在前，可是臨筆之時，內心不免又一再的「打鼓」，總想著「此事怎能成就於我呢？」隨著截稿的時間迫近，只有竭盡淺薄的知識，全力以赴的一篇一篇去完成，正應合所謂的「逼稿成篇」，不過，從寫書的過程中，等於重新檢視所知、所學，不僅有助於讀者了解「天主教」的風貌，對自己更有許多的收穫。

跋

爲了避免日後有「野人獻曝」之譏；於是在構思、動筆之際，取巧的，從「愛」的角度切入，只是「愛」的範圍太大，寫著寫著，仍覺得有「以管窺天，以蠡測海」之不足，在此情況下，只能寫到那、算到那；當然，其中會有許多不足之處，也是在在需要自省與努力的地方。

前述絕非自謙之言。譬如說，過去，曾經寫過數百個人物的我，常想如何側寫所知的耶穌，但這只是妄想罷了！一枝禿筆怎能寫得周全呢？不過，在生活周遭，從一些神職人員或有德行的人身上，各別呈現出部分耶穌的影子，至於那些「愛」的身影，常會在寫作時，無日無之的流洩於筆下，成爲今日寫作的題材，而有了本書的成就。

寫「愛」的同時，當然是會隨著文稿，亦步亦趨的徜徉在「愛」

的氛圍中，所以儘管寫作態度是謹慎的，可是寫作心境是愉快的；因此要感謝錫東兄大膽的出版；以及宋之鈞神父的不吝賜序，使本書益添光華；同時，還有一群娘子軍團——趙莒玲、李文茹、丹萱等人的助陣，在許多次的七嘴八舌下，終於不負眾望的順利催生。

國家圖書館出版品預行編目資料

愛的盟約／王雲龍著；——第一版. —— 臺北市
宇河文化 出版； 紅螞蟻圖書發行, 2002 [民 91]
面　　公分. ——（身心安頓；03）
ISBN 957-659-303-4 (平裝)

1. 天主教－通俗作品

246.2　　91011244

身心安頓 03

愛的盟約

作　　著／王雲龍
發 行 人／賴秀珍
榮譽總監／張錦基
總 編 輯／何南輝
文字編輯／林芊玲
美術編輯／林美琪
出　　版／宇河文化出版有限公司
發　　行／紅螞蟻圖書有限公司
地　　址／台北市內湖區舊宗路二段 121 巷 28 號 4 樓
郵撥帳號／1604621-1　紅螞蟻圖書有限公司
電　　話／(02)2795-3656（代表號）
傳　　真／(02)2795-4100
登 記 證／局版北市業字第 1446 號
法律顧問／通律法律事務所　楊永成律師
電　　話／2764-8788
印 刷 廠／鴻運彩色印刷有限公司
電　　話／(02)2985-8985 • 2989-5345
出版日期／2002 年 8 月　第一版第一刷

定價 180 元

ISBN 957-659-303-4　　Printed in Taiwan
准印者：台北總教區　狄剛總主教